Luise

Aufzeichnungen über eine preußische Königin

Dieses Buch ist allen Förderern gewidmet, die sich an der Restaurierung der Elisabethkirche in Berlin beteiligen. Der Autor hat darum gebeten, den Reinerlös aus dem Verkauf dieses Buches für die Erhaltung der Elisabethkirche zu verwenden.

DEUTSCHE STIFTUNG DENKMALSCHUTZ

Spendenkonto: 30 55555
BLZ 380 400 07
Commerzbank Bonn

Friedrich Ludwig Müller

Luise

Aufzeichnungen über eine preußische Königin

MONUMENTE Publikationen der Deutschen Stiftung Denkmalschutz

Pastellstudie zu einem Luise-Gemälde von Elisabeth Vigée-Lebrun, 1801

Wer sich der preußischen Königin Luise nähert, sich frei macht von jener Verklärung, die mehr als ein Jahrhundert lang den Blick verstellte und die Preußens Königshaus nicht ohne Geschick nach Kräften förderte, der mag sich fragen: Was hat diese Luise aus Darmstadt, was andere Fürstentöchter nicht haben? Ist sie doch nicht einmal von besonders hoher Geburt. Eine Prinzessin aus Deutschlands Adelsprovinz, die es gleich dutzendweise gibt im Heiligen Römischen Reich der kleinen Herzogtümer mit ihren Duodezfürsten, die ihr Land oft in einem Stundenritt durchqueren können.

Ihre Abkunft ist also nicht gerade berühmt. Da gibt es zwar die Tante Charlotte Sophia, dem englischen König angetraut. Was Luises Vater, dem Erbprinzen von Mecklenburg-Strelitz, den Posten des Gouverneurs im Kurfürstentum Hannover einbringt. Doch was ist das schon?

Sie ist eine Halbwaise, nachdem sie im Alter von sechs Jahren die Mutter verloren hat und gemeinsam mit ihren drei Schwestern Charlotte, Therese und Friederike im Darmstädter Stadtpalais der Großmutter erzogen wird, der Prinzessin von Hessen-Darmstadt, die man nach ihrem verstorbenen Mann die Prinzessin George nennt.

Ist sie besonders schön – ? Vielleicht nicht einmal das. Wird doch Friederike, die jüngere Schwester, stets als die Schönere erwähnt. Was also ist es, was andere Prinzessinnen nicht haben und schon die 16jährige Luise in Frankfurt zum Mittelpunkt des Krönungsballs für Kaiser Franz II. macht? Was ist es, das die dort versammelten Monarchen halb Europas in Verzückung geraten läßt? Es ist ihr Unverstelltsein, ihre Natürlichkeit, die sie so anmutig erscheinen läßt und so ungezwungen macht beim Festgeplauder. Nichts an ihr ist gekünstelt. So fehlt dem schmalen, feinen Gesicht die vornehme Blässe. Statt dessen malt sich darin das Leben in jugendlicher Frische.

Großmutter George – der Glücksfall in Luises Leben – läßt sie und ihre Schwestern in einer Freiheit aufwachsen, die für ihre Zeit nahezu sensationell ist. Dabei lernen sie früh, sich in Genügsamkeit zu üben.

So tragen die jüngeren Geschwister die nicht selten schon geflickten Kleider der älteren auf, werden die Röcke angestückelt, wenn man zu schnell herauswächst. Keine schlechte Lebensschule.

Luises Erzieherin, die Schweizerin Suzanne de Gélieu, die es nicht leicht hat mit ihrer schlechten Schülerin, paßt sich der großmütterlichen Generalorder an, das Kind bloß nicht zu verbiegen. So bekennt sie später, es sei wohl ihr einziges Verdienst bei Luises Erziehung gewesen, „ihr glückliches Naturell nicht verdorben zu haben".

Ausgestattet mit diesem glücklichen Naturell, steht Luise am 19. März 1793 jenem jungen preußischen Kronprinzen gegenüber, der alles andere als frei erzogen wurde. Ein junger Mann voller Unbeholfenheit, die ihn stottern läßt, beladen mit einer traurigen Kindheit. Ein Mann, der nach Geborgenheit sucht, die ihm das Elternhaus verwehrt und der glaubt, sie ausgerechnet in der Armee gefunden zu haben. Luise wird an diesem Zeit seines Lebens unter seiner Zerrissenheit leidenden Mann wachsen. Sie wird ihn wegen seiner Aufrichtigkeit bewundern. Sie wird sich an ihm, wie man heute sagen würde, emanzipieren, ohne je in ihrer Hingabe an ihn nachzulassen.

Eine Frau, mit deren Leben man sich kaum zu beschäftigen vermag, ohne der Bewunderung zu erliegen.

Bonn, im Mai 2001

Friedrich Ludwig Müller

Jungfer Husch

„Leben Sie wohl, mein Engel,
haben sie mich immer lieb
wie sonst und glauben Sie,
ich bin Ihre treue Freundin"

(Prinzessin Luise von Mecklenburg-Strelitz
an Kronprinz Friedrich Wilhelm von Preußen)

„Gute Nacht, meine liebe Luise,
ich wäre sehr froh, glücklich
von Ihrer kleinen Person zu träumen"

(Kronprinz Friedrich Wilhelm von Preußen
an Prinzessin Luise von Mecklenburg-Strelitz)

„Frische Fische – gute Fische"

(Kronprinz Friedrich Wilhelm von Preußen
über die Prinzessinnen Luise und
Friederike von Mecklenburg-Strelitz)

War das ein Spaß für die Frankfurter an diesem 14. Juli 1792! Da stürzt – die Röcke ihres Kleides aus weißem Atlas hochgerafft – eine leibhaftige Prinzessin aus dem Hotel zum „Weißen Schwan". Das junge Edelfräulein rennt einer festlich herausgeputzten Kalesche nach. Wer ihr folgt, kann beobachten, wie die Prinzessin nach Luft japsend die Kalesche einholt, bevor sie den Römerberg erreicht.

Luise als Königin von Preußen, 1797 von J. P. A. Tassaert gemalt

Niemand ahnt, daß hier ein nur schwer an Pünktlichkeit zu gewöhnendes Hochadelskind um ein Haar seine Sternstunde verpaßt hätte: Immer vorausgesetzt allerdings, die Großmutter der Prinzessin in der Kalesche hätte ihre Drohung wahrgemacht, ohne ihre Enkelin, deren jüngere Schwester pünktlich und brav in der Kutsche sitzt, zur Krönungsfeier Kaiser Franz' II. zu fahren.

Nun ist es wohl an der Zeit, der Episode Namen beizufügen. Einen Namen kennen wir schon: Kaiser Franz II., der Enkel der Kaiserin Maria Theresia, der schon nach zwei Jahren seinem Vater, Leopold II., auf den Thron des Kaisers des Heiligen Römischen Reiches Deutscher Nation folgt. Er wird der letzte sein auf diesem Thron. Die der Kutsche hinterherhastende Prinzessin ist die 16jährige Luise

Der Römerberg in Frankfurt am Main im Jahre 1773

von Mecklenburg-Strelitz. Bei der Großmutter, welche die Lust daran verlor, ihrer Enkeltochter zuzuschauen, wie sie vor dem Spiegel das Kleid mal hier zieht, mal dort seinen Faltenwurf glättet, bei dieser Großmutter handelt es sich um die Prinzessin Marie Luise Albertine von Hessen-Darmstadt. Man nennt sie nach ihrem verstorbenen Mann, dem Prinzen Georg-Wilhelm, Prinzessin George. Mit in der Kutsche, gleichfalls festlich gekleidet, sitzt Luises Schwester Friederike. Sie ist jetzt 14 Jahre alt. Man wird sie einmal einen „Engel der Anmut" nennen, einen Engel, dessen Ausstrahlung und erotische Anziehungskraft keiner ihrer Chronisten jemals unerwähnt lassen wird.

Dabei hatte es Wochen vor diesem 14. Juli lange so ausgesehen, als würden die Schwestern die Krönung Franz' II. nur vor dem Römer erleben, statt in dessen Festsälen. Man werde „ein Stückchen Krönung sehen", schreibt Luise ihrer Schwester Therese, der späteren Fürstin von Thurn und Taxis. „Wir gehen in keine Gesellschaft, zu keinem Kurfürsten; wir nehmen an keinem Essen teil." Man werde sich in Frankfurt gar nicht lange aufhalten. Vielmehr nur an zwei Tagen von Darmstadt nach Frankfurt reisen, um sich den Einzug der Krönungsversammlung anzusehen und am nächsten Tag die Krönung. Was in dem Brief

Der Römerberg in Frankfurt heute

folgt, ist das Klagelied einer 16jährigen, die sich um ihr erstes Ballerlebnis betrogen sieht: „Wir werden auch nicht die Hoffestlichkeiten besuchen. Was mir sehr schmerzlich ist." Dabei hatte der Papa der beiden, die in frühem Kindesalter ihre Mutter verloren, der Erbprinz Karl von Mecklenburg-Strelitz, den Töchtern erlaubt, wie Luise weiter berichtet, „auf einen Ball zu gehen, wenn Fürst Esterházy oder ein Kurfürst oder ein Gesandter einen gibt; aber Du mußt zugeben, um dahinzugehen, muß man eingeladen sein und um eingeladen zu werden, muß man bekannt sein und gewiß wird man sich keine Mühe darum geben, so unbedeutende Wesen wie Friederike und mich auszugraben."

Wohl keine unrealistische Einschätzung der Lage von zwei jungen Prinzessinnen, wovon es in Deutschland am Ende des 18. Jahrhunderts mehr gibt, als die fast 100 sechsspännigen Staatskarossen, die zur Krönungsfeier rollen, Pferdebeine haben. Zählt man doch zur Zeit der Kaiserkrönung über 1.700 eigenständige Territorien in Deutschland! Manche von ihnen sind so winzig, daß man „fast darüberspucken kann", wie es in einer zeitgenössischen Satire heißt. Und da es zur Aufbesserung der oft katastrophalen Finanzlage dieser Duodez-Fürstentümer und ihrer Mini-Monarchen nur zwei Möglichkeiten gab, sich die Mittel zu verschaffen, um halbwegs standesgemäß zu residieren, nämlich die Zölle und Steuern zu erhöhen oder ihre Fürstenkinder gut zu verheiraten, wuchs die Zahl der Prinzen und Prinzessinnen im Lande. Und es wuchs mit dem hochwohlgeborenen Angebot auch der Konkurrenzkampf um die reichen Kronen des Reiches.

Da war denn so eine Großmutter wie die Prinzessin George nicht durch pures Gold zu ersetzen. Die Prinzessin ist fest entschlossen, die einzigartige Gelegenheit einer Kaiserkrönung zu nutzen, um Europas Hochadel zwei seiner schönsten Kinder vorzustellen.

Mögen Luise und Friederike ruhig noch eine Zeitlang dem Gedanken an den verpaßten Krönungsball nachhängen. Mag vielleicht sogar Vater Karl, der Erbprinz von Mecklenburg-Strelitz und gleichzeitig Gouverneur Georgs III.

Luises Großmutter: Prinzessin George

von Großbritannien in dessen Kurfürstentum Hannover, insgeheim heilfroh gewesen sein, die Töchter nicht für den Krönungsball teuer ausstatten zu müssen. Dies nicht etwa deshalb, weil ihm sein Schwager auf dem Thron an der Themse den Gouverneursdienst an der Leine schlecht honoriert, sondern weil Karl mit dem, was Englands König ihm bezahlt, stets schlecht umzugehen weiß.

Mag auch die Großmutter in ihrem Palais an Darmstadts Marktplatz nicht so recht gewußt haben, woher sie das Geld für den standesgemäßen Auftritt ihrer Enkeltöchter nehmen soll. Sie weiß nur und handelt danach: Gute Partien beginnen nicht im Himmel, sondern hernieden. Allerbestenfalls mögen sie im siebten Himmel enden. Hernieden aber, das ist der Frankfurter Römer und sein Krönungsfest.

So wandert flugs ein Brief nach Wien an die Freundin Maria Beatrix Aloisia Gräfin von Metternich. Deren Sohn Klemens Lothar Graf von Metternich – er wird einst als österreichischer Staatskanzler die Landkarte Europas statt auf den Schlachtfeldern bei Glanz und Tanz auf dem Parkett verändern – fällt die Aufgabe zu, die Krönungsfeierlichkeiten für Franz II. zu organisieren. Dem damals 24jährigen befiehlt nun die Mama in Wien, nicht nur der Prinzessin George und ihren Enkelinnen Luise und Friederike eine Einladung zum Krönungsball zu schicken, sondern, um die Güte voll zu machen, mit der Prinzessin Luise den Ball zu eröffnen.

Es ist eine Revolution – eine friedliche gar –, eine Revolution unter tausend Kerzen, deren mildes Licht sich im Kristall der Leuchter bricht. Es ist eine Revolution, ausgelöst von zwei an Einfluß und Bedeutung reichen Frauen in Darmstadt und Wien: Im Dreivierteltakt des Walzers wird das lange Zeitalter des Rokoko, der kunstvoll drapierten Perücken, der Reifröcke, der zusammengeschnürten Wespentaillen, der seidenen Kniehosen und fließenden Spitzenjabots in die Kulturgeschichte geschickt.

Wer mag die Idee gehabt haben – oder ist es unbewußt geschehen? –, den versammelten Monarchen halb Europas auch auf dem Parkett den Beginn einer neuen Zeit vorzustellen? Symbolisiert durch zwei junge Menschen, die nun mit Anmut und Natürlichkeit so ganz und gar unverkrampft und unverstellt einander die Hand haltend den Krönungsball des Kaisers eröffnen. Sie schmiegen sich aneinander, wenn sie sich im Walzer drehen. Das den Kaiser feiernde Reich, soweit es in Frankfurt versammelt ist, gerät in Verzückung.

Da mag es den Glanz dieser Stunde nicht trüben, wenn man erfährt, daß Luise, jenes Adelskind vom Lande, dem jungen Metternich nur wenig gefällt. Wenn doch zugleich in dieser Ballnacht die erlesenste Hofgesellschaft des Reiches der jungen Prinzessin wenn auch nicht zu Füßen liegt, so doch von ihrer Schönheit, so prallvoll von Leben und Jugend, von ihrer Ungezwungenheit, ihrer natürlichen Ausstrahlung, die ihr so viel Würde gibt, in Begeisterung versetzt wird. Dem Grafen Metternich mag sie zu brav sein, zu wenig Esprit haben. Das Erscheinungsbild,

Das Marktpalais in Darmstadt von Großmutter Prinzessin George, dargestellt um 1775

das sich bei den hohen Festgästen einprägt, es wird sich übertragen in die Tage einer Kronprinzessin und einer Königin. Dieses Bild wird seinen Weg finden in die Köpfe der Menschen im Lande und – wie man weiß – in deren Herzen.

Bevor wir der Verklärung anheim fallen, sollten wir dieses Bild zwar nicht korrigieren, wohl aber ergänzen. Geboren wird sie am 10. März 1776 in Hannover, wo ihr Vater, Erbprinz von Mecklenburg-Strelitz, wie wir schon wissen, Gouverneur des englischen Königs im Kurfürstentum Hannover ist. Die Mutter ist Friederike von Hessen-Darmstadt, seit 1768 mit Karl verheiratet. Vor Luise werden die Geschwister Charlotte, die man Lolo nennt, Karoline, die nur zwei Jahre alt wird, Georg, der das erste Lebensjahr nicht überlebt, Therese, genannt „das Röschen" und Friedrich, der bald nach der Geburt stirbt, geboren. Nach Luise kommt zwei Jahre später Friederike zur Welt. Es folgen die Brüder Georg und Friedrich, der es nicht über zwei Lebensjahre bringt. Danach wird die Mutter noch einmal schwanger. Sie erkältet sich auf der Rückreise der Familie von Darmstadt nach Hannover, wo sie von einer Tochter entbunden wird, die nur für wenige Stunden das Licht der Welt wahrnimmt. Zwei Tage danach, entkräftet von einer Infektion, stirbt die Mutter. Sie ist noch keine 30 Jahre alt.

Luise, damals sechs Jahre alt, schreibt später in ihr „Erbauungsbuch“: „Heute, am 22. Mai, ist meine liebe erste Mama im Jahre 1782 gestorben, ein Verlust für mich, der stets in meinem Herzen eingegraben sein wird. Möge der Himmel sie belohnen, so sehr, wie sie es verdient.“

Die „zweite Mama“ ist ihre Tante Charlotte, die um drei Jahre jüngere Schwester der Mutter. Prinz Karl hatte sie im September 1784 geheiratet. Doch auch das Glück mit der Tante als Mutter währt für die Kinder nicht lange. Am 30. November 1785 bringt sie einen Sohn zur Welt. Er wird auf den Namen des Vaters getauft. Charlotte muß eine Todesahnung gehabt haben, wie man es aus ihren Briefen an Marie-Antoinette in Paris erfährt. Am 12. Dezember 1785, zwölf Tage nach der Geburt des Halbbruders der Geschwister, stirbt Charlotte. Die Ehe hatte etwas mehr als ein Jahr gedauert, Charlottes Leben nur ganze 30 Jahre.

Der Tod der Stiefmutter ist die große Zäsur. Die Familie wird auseinandergerissen. Karl bleibt mit den Söhnen Georg und Karl in Hannover. Luise und ihre Schwestern

Darmstadt im Jahre 1746. Stich von Johann Tobias Sonntag

Therese und Friederike wachsen von nun an bei Großmutter George in Darmstadts Marktpalais auf. Ein Haus mit vielen Treppen, die zum Spielplatz werden.

Und wo ist die vierte Schwester, wird man fragen. Charlotte hatte kurz vor dem Tod der Stiefmutter den Herzog von Sachsen-Hildburghausen geheiratet. „Weit unter ihrem Niveau", so hatte Vater Karl das Ehebündnis kritisiert. Über diese Schwester müssen ein paar Zeilen verloren werden. Die dunkelhaarige Schönheit ist die begabteste der vier Schwestern. Sie malt nicht nur gekonnt, sie hat eine so bezaubernde Gesangsstimme, daß man von ihr sagt, sie hätte an allen Opernhäusern Europas Karriere machen können.

In Hildburghausen in ihrer kleinen Residenz gelingt es ihr, Musiker und Literaten um sich zu versammeln. Der Kapellmeister des preußischen Hofes, Johann Friedrich Reichardt, findet Charlotte so begabt, daß er ihr Gesangsunterricht gibt. Der Dichter Jean Paul ist häufiger Gast im Schloß. Obschon der Herzog Friedrich I. von Sachsen-Hildburghausen ständig in Geldnöten ist, gelingt es seiner Frau, der Residenz gesellschaftlichen Glanz zu geben. Maskenbälle und Landpartien, Schauspiele und Konzerte wechseln einander ab.

Bleiben wir bei den Schwestern Luises und berichten noch schnell über die einzige der vier Prinzessinnen von Mecklenburg-Strelitz, die wirklich reich durch eine Heirat wird: Luises um drei Jahre ältere Schwester Therese. Sie ist 14 Jahre alt, als einer der wohlhabendsten Fürstensöhne Europas, Karl Alexander von Thurn und Taxis, für sie entflammt. Er wird einmal den Vater als des Reiches Generalpostmeister beerben. Doch findet Großmutter George den jungen Mann aus Regensburg nicht gut genug für ihre Enkeltochter. Für sie ist das Haus Thurn und Taxis nur eine Postmeisterei, wenn auch verbunden mit einem Fürstentitel.

Auch Vater Karl würde seine Therese lieber als Königin von England sehen. Deshalb hätte er sie gern mit dem Prinzen von Wales vermählt, seinem Neffen und dem Sohn seiner Schwester, der englischen Königin Charlotte

Luise nach einer Zeichnung von J. G. Schadow

Sophia. Auch bei den Thurn und Taxis wird die für Therese entbrannte Liebe des Erbprinzen mit großer Distanz betrachtet. Dort sieht man es am liebsten, wenn Geld zu Geld kommt. Was in diesem Fall bei den Häusern wie denen von Hessen-Darmstadt und Mecklenburg-Strelitz, wo die jüngeren Prinzessinnen die Kleider der Älteren auftragen müssen, die Röcke angestückelt und geflickt werden, heißt, daß die Mitgift mager sein wird, wenn auch die Braut – wie nicht selten – um so hübscher ist.

Thereses Vater glaubt trickreich zu handeln, indem er seiner Schwester in London die Entscheidung über den Ehebund Thereses mit dem reichen Haus in Regensburg überläßt. So winkt er denn mit dem Zaunpfahl, wenn er dabei die Möglichkeit erwähnt, daß sich Therese auch für eine Ehe mit dem englischen Kronprinzen oder mit dessen Bruder Prinz Edward erwärmen könne.

Die Antwort aus London löst das Problem: Die Königin gibt zu verstehen, daß eine Heirat der Nichte weder mit dem kronprinzlichen Vetter noch mit dem Prinzen Edward in Betracht komme. So nimmt man denn das Geld in Regensburg statt des Ruhmes in London. Am 25. Mai

Kritzelzeichnung aus einem Schreibheft Luises

1789 heiraten Therese und der junge Thurn und Taxis. Therese, die sich selbst auch nur zögerlich für das Brautbett in Regensburg entscheiden mag, wird sich damit getröstet haben, nun auf Gold gebettet zu sein. Sie wird, wie es in einer Chronik heißt – „umschwärmt und vielgeliebt". Was man ganz wörtlich nehmen darf.

Wir haben uns von Luise entfernt und finden nun die Anknüpfung durch einen Brief Luises an Schwester Therese aus Anlaß ihrer Konfirmation. Darin heißt es: „Gib mir auch Deinen Segen, liebe, beste und zärtlichste Schwester." Die 16jährige gibt der Älteren bei dieser Gelegenheit den Rat: „Urteile nach Deinen Gefühlen und nach Deinem Herzen, gute liebe Therese, und Du wirst in dem Herz Deiner Luise lesen können, denn auch freilich wohl unser Temperament nicht übereinstimmt, so kommen wir doch in den Hauptsachen ganz überein, und ich werde suchen, Dir immer ähnlicher zu werden." – Wohl lieber nicht.

Von den vier Schwestern ist Luise die oberflächlichste. Sie ist auch nicht die schönste. In der Familie nennt man sie die „Jungfer Husch" oder Luise, die Leichtfüßige, was nicht nur physisch gemeint sein soll. Charlotte ist künstlerisch begabter, Therese geistig viel regsamer, und Friederike hat von ihrem Vater den Charme geerbt. Man sagt, Luise sei eigensinnig, trotzig und manchmal sogar schnippisch. Doch der Anblick der 16jährigen fasziniert. Sie hat eine gertenschlanke Figur, um sie ist Heiterkeit, ist quirlige Lebendigkeit. Dazu kommt ein lebhaftes Mienenspiel, das Zeit ihres Lebens jeden ihrer Gesprächspartner fesselt.

Luise ist – sagt man es schlicht – nur dürftig gebildet. Sie ist eine schlechte Schülerin, von der ihre Erzieherin, die Schweizerin Suzanne de Gélieu, viele Jahre später schreibt: „Mein einziges Verdienst bei ihrer Erziehung war, daß ich Luises glückliches Naturell nicht verdorben habe."

Dieses glückliche Naturell wird Luise zur preußischen Kronprinzessin und Königin machen. Es ist Europas wohl größter Schwerenöter am Ende des 18. Jahrhunderts, der Preußenkönig Friedrich Wilhelm II., der Neffe Friedrichs des Großen und Sohn des Kronprinzen August Wilhelm, der sich beim Krönungsball vom Anblick der Prinzessin Luise aus Darmstadt und ihrer noch schöneren Schwester begeistern läßt. Und zwar derart, daß er den Gedanken nicht wieder aus dem Kopf verliert, diese beiden fürstlichen Töchter an den preußischen Hof zu holen. Eine für den Kronprinzen Friedrich Wilhelm, die andere für dessen Bruder Ludwig, genannt Louis.

Beide preußischen Prinzen finden die Idee nicht gut. Sie sind aber bereit zu gehorchen, sich die Damen anzusehen, um dann unter sich zu entscheiden, wer welche nimmt. Louis, dem Vater in Sachen Frauen ähnlich, stimmt unter der Bedingung zu, seine Mätresse in Berlin dafür nicht aufgeben zu müssen. Mit dieser Einstellung hat er den Vater ganz auf seiner Seite. Der doch selbst die Trompeter-Tochter Wilhelmine Enke zur Gräfin von Lichtenau gemacht hat und mit ihr und den Kindern aus dieser Liaison im Potsdamer Marmorpalais wie in einer zweiten Familie lebt. Dennoch versäumt es der König nicht, mit seiner zweiten Ehefrau, Friederike Luise von Hessen-Darmstadt, sechs Kinder zu zeugen.

So betrachtet, scheint Friedrich Wilhelm, der Kronprinz, aus der Art geschlagen. In seinem Leben – 1792 ist er 22 Jahre alt – haben Frauen bisher kaum eine Rolle gespielt. Seine Heimat ist die Truppe. Er lernt das Kriegshandwerk, um nach der Kanonade von Valmy im Krieg gegen Frankreichs Revolutionsheer, den Krieg zu hassen bis an sein Lebensende.

Friedrich Wilhelm wächst, wie man es heute nennen würde, in zerrütteten Familienverhältnissen auf. Und wie das in solchen Verhältnissen nun einmal ist, sind ihm Zuwendung und Zärtlichkeit fremd. Er leidet unter der erotischen Besessenheit seines Vaters. Später wird er sich dafür, was so gar nicht seinem weichen Charakter entspricht, an der Gräfin von Lichtenau und ihren Kindern rächen.

Die Mutter darf der Kronprinz dreimal in der Woche für ein paar Stunden sehen. All das macht ihn verschlossen, tief in sich gekehrt, menschenscheu und verlegen in jeder Gesellschaft. Er ist geprägt von einem tiefen Pessimismus. Seine Sprache ist abgehackt und nur selten sieht man ihn lachen.

Bevor sich der Kronprinz, sein Bruder und die Prinzessinnen aus Darmstadt kennenlernen, sich Friedrich Wilhelm

Friedrich Wilhelm III., Pastell von Henriette Félicité Tassaert

für Luise statt für ihre Schwester entscheidet, die ihm zunächst sogar besser gefällt, muß König Friedrich Wilhelm II. die französische Revolutionsarmee aus Frankfurt vertreiben, das von ihr am 21. Oktober besetzt wurde und das der Preußenkönig am 2. Dezember 1792 zurückerobert.

Zuvor waren Großmutter George, Luise und Friederike nach Hildburghausen geflüchtet, aus Angst, die Franzosen könnten auch Darmstadt besetzen. Erst im März, nachdem die ganze Familie bei der Schwester Charlotte, der Herzogin, Luises 17. Geburtstag gefeiert hatte, brechen sie von dort wieder auf. Während der ganzen Zeit ist Preußens Heiratsdiplomatie in vollem Gange. Als man in

Bei ihrem Besuch 1790 in Frankfurt wohnten Luise und Friederike in Goethes Geburtshaus bei dessen Mutter.

Darmstadt von Friedrich Wilhelms Doppelhochzeitsplänen hört, ist man entsetzt. Man fürchtet die losen Sitten am Berliner Hof, glaubt, daß die Leidenschaften des Königs auch die seiner Söhne sein könnten. Womit sie bei dem Prinzen Louis nicht gerade falsch liegen. Man zieht Erkundigungen ein.

Doch wieder ist es Prinzessin George, die sich die Chance nicht entgehen lassen will, wenigstens eine ihrer Enkeltöchter zur preußischen Kronprinzessin und Königin zu machen. Die drei reisen von Hildburghausen nach Frankfurt. Alles sieht vordergründig ganz harmlos aus. Nur für einen Tag will die Großmutter in Frankfurt bleiben. Man nächtigt wieder im Weißen Schwan.

Zuerst sehen sich der Kronprinz und die zwei jungen Mädchen nur von Loge zu Loge im Frankfurter Komödienhaus. Am nächsten Morgen dann die erste Begegnung – wiederum wie zufällig – beim Déjeuner, zu dem Frankfurts Bürgermeister Olenschläger eingeladen hatte.

Kronprinz Friedrich Wilhelm behält diesen Morgen so in Erinnerung: „Zuerst kam Prinzeß Friederike, dann meine ewig unersetzliche und unvergeßliche Luise. Beide recht hübsch, traten sie mit gefälligem Anstand in die Thüre. Letztere fiel mir wegen ihres schlanken Wuchses auf. Kaum daß sie sich zu den übrigen gesetzt hatten, als ich den Graf Medem aufforderte, mich ihnen zu präsentieren. Er tat es, und zwar zuerst vor Prinzeß Friederike, die ich daher, und da sie mehr formiert schien, obgleich nicht so groß als ihre Schwester, für die ältere hielt, auch widmete sie der Unterhaltung mehr Aufmerksamkeit als jene, und ich fand mich daher um so mehr darin bestärkt. Das Resultat dieses Dejeunés war, daß sie mir beide recht wohl gefielen, und daß ich schon innerlich den Entschluß faßte, eine von ihnen, allein welche von beiden, daß wußte ich noch nicht, zu wählen."

Auch als Friedrich Wilhelm auf dem Ball am Abend mit beiden Prinzessinnen tanzt, bleibt er unschlüssig. Doch liegt die Entscheidung allein bei ihm. Bruder Louis hatte ihm, so gleichgültig war ihm das ganze Ehespiel, zugestanden: „Nimm, welche du willst. Ich nehme die andere." Eine Weile scheint es so, als wolle sich der Kronprinz für Friederike entscheiden. Sie habe, so bekennt er, „in ihrem ganzen Wesen fiel Grazie und Seduisantes".

Was es dann war, die Tatsache, daß Luise „göttlich tanzt" oder weil sie ihn, was fast ein Kunststück ist, mit ihrem Humor zum Lachen bringt, wir wissen es nicht. Wir wissen nur, daß er sich, wie es seine ernste Art ist, „nach sorgfältiger Prüfung und Überlegung" für Luise entscheidet.

Ein wahrlich mit Liebe nicht verwöhnter junger Mann greift nach der Hand einer Siebzehnjährigen, als wäre sie seine Rettung.

Die Kriegsbraut

„Ich werde Ihnen zum
Willkommen singen:
Unsere Katz' hat Junge,
sieben an der Zahl.
Sechs davon sind Hunde.
Das ist ein Skandal.
Und der Kater spricht:
Die ernähr ich nicht."

(Luise an Kronprinz Friedrich
Wilhelm von Preußen im Feldlager
vor Mainz im April 1793)

„Ich habe gestern mehrmals
das köstliche Lied von der Katze
mit den sieben Jungen gesungen,
jedes Mal zum Erstaunen
der Zuhörer ..."

(Friedrich Wilhelm an Prinzessin Luise
aus dem Feldlager vor Mainz)

Anton Zeller, der Hofmaler von Luises Vater Karl von Mecklenburg-Strelitz, porträtierte Luise 1798

Sie sind allein. Zum ersten Mal. Sie stehen sich gegenüber. Ihre Welt, sie ist an diesem Tag, dem 19. März 1793, zu dieser Stunde, nur noch ein leeres Zimmer groß im Weißen Schwan in Frankfurt.

Luise, die Prinzessin von Mecklenburg-Strelitz, erst seit wenigen Tagen 17 Jahre alt, steht am Fenster. Der Welt da draußen hat sie den Rücken zugewandt. Es ist eine Welt voll Hufgetrappel, überlagert vom Ächzen der Achsen schwerer Fourierwagen. Der Krieg ist nur einen Stundenritt entfernt. Doch da sind auch die, dazwischen, feinen Equipagen, übersät mit blankgeputztem Messingzeug, preußische Ordonnanz-Offiziere hoch aufgerichtet auf ihren tänzelnden Pferden. Die mächtigen Zylinder der Flaneure. Die Damen mit ihren durch hohe Kragen fast verdeckten Gesichtern. Die zierlichen Stiefelchen unter Mänteln, die den Boden berühren. Gouvernanten mit Scharen herausgeputzter Kinder. Lastenträger mit ihrem abgeschabten Lederschurz, den roten Gesichtern vom Gewicht der Kisten und Säcke auf ihren Schultern. Und immer wieder Glockengeläut. All das ist nicht ihre Welt zu dieser Stunde.

Das einfallende Licht umfließt Luises schlanke Gestalt. Bei jeder ihrer Bewegungen faltet die Seide ihres Kleides

Frankfurt am Main im Jahre 1792

neue Muster auf, treibt ein verwirrendes Spiel mit den Faltenwürfen und verrät mehr von dem Mädchenkörper, als sie von ihm zu verhüllen vermag.

Preußens Kronprinz ihr gegenüber zeigt Nervosität. Luise, die heitere, die dafür bekannt ist, jeder auch noch so schwierigen Lebenslage Belustigendes abzugewinnen, sieht – und hätte am liebsten hell aufgelacht – wie der 22jährige Prinz nicht weiß, wo er die Hände lassen soll. Mal sind sie über der Brust verschränkt, mal falten sie sich wie zu einem Gebet. Dann gleiten sie plötzlich wieder auseinander, legen sich die Fingerkuppen zu einem Gewölbe zusammen, als wollten sie etwas beschützen und reiben sich gegeneinander. Die Stimme unterbricht fast im Sekundentakt ein Räuspern. Eine Szene, bühnenreif wie in einer grotesk herausgespielten Komödie. Friedrich Wilhelm „stottert“, wie er sich später erinnert. Er, der In-sich-Gekehrte, der so Ungeübte im leichten Redefluß, ergeht sich in „unzusammenhängenden Phrasen“. Bis er der eigenen Qual ein Ende macht, „Muth faßt“ und „ohne Umschweife“ um das Ja des jungen Mädchens bittet.

Tags zuvor war der Vater des Prinzen, Preußens Friedrich Wilhelm II., im Weißen Schwan bei der Großmutter Luises vorstellig geworden. Er hatte sie gleich um die Hände beider Prinzessinnen aus dem kleinen Strelitzschen Fürstenhaus gebeten.

Die berühmte Plastik von J. G. Schadow von den Prinzessinnen Luise (links) und Friederike steht als Gipsmodell in der Friedrichswerderschen Kirche in Berlin

Die Großmutter, sie wird von den Prinzessinnen „Babuschka“ genannt, kann dem preußischen König nur antworten: „Ich sage nicht nein!“ Sie ist zwar die Initiatorin dieses Doppel-Verlöbnisses, jedoch nicht – wie man heute sagen würde – der richtige Ansprechpartner des Königs für den Abschluß eines Ehebundes. Der Vater müsse noch gefragt werden, eröffnet sie dem erstaunten Preußenkönig.

Der Vater aber, Erbprinz Karl von Mecklenburg-Strelitz, sitzt in Hildburghausen bei seiner Tochter Charlotte, der Herzogin. Karl zögert. Er mag sich nicht abfinden mit dem Gedanken, gleich auf zweifache Weise und über zwei seiner vier ihm innig verbundenen Töchter mit dem Berliner Hof verwandt zu werden. Ein Königshof, von dem man viel, doch selten Gutes hört. Er möchte Luise und die 15jährige Friederike vor dem Schicksal der Cousine ihrer verstorbenen Mutter, der Prinzessin Friederike Luise, bewahren. Sie muß als zweite Frau Friedrich Wilhelms II. – die erste Ehe wurde wegen gegenseitiger Untreue geschieden – hinnehmen, daß dieser Ehegatte und König in wilder Ehe mit der von ihm zur Gräfin Lichtenau geadelten Trompetertochter Wilhelmine Encke lebt. Sie muß ertragen, daß er die Kinder aus dieser Liaison mehr liebt als seine Kinder mit ihr. Und daß er daneben noch viele weitere Amouren pflegt. Am Ende wird Karl, wenn er das Leben seiner Tochter Friederike betrachtet, feststellen müssen, daß seine Vaterängste nicht gerade unbegründet waren.

Vielleicht drückt Karl aber auch eine ganz andere Sorge: Woher soll er, der chronisch am Geldbeutel erkrankte Erbprinz, das Geld nehmen, um gleich zwei seiner Töchter standesgemäß unter die Hauben königlicher Hoheiten zu bringen?

Doch Babuschka, die Großmama, Karls doppelte Schwiegermutter, wird nicht umsonst wegen ihrer Zielstrebigkeit und ihrer Virtuosität im Umgang mit allen Varianten der List weit über Darmstadt hinaus gepriesen.

So läßt sie kurzentschlossen im Weißen Schwan zwei Zimmer leerräumen. Luise und Friederike, jede für sich allein, sollen dort ihre Prinzen empfangen und ihre Heiratsanträge nicht nur entgegen-, sondern möglichst glücksstrahlend annehmen. War diese Prozedur erst einmal hinter sich gebracht, die Heiratspläne durch das Ja-Wort erst besiegelt, so Großmutters Kalkül, käme ein väterlicher Einspruch einer Brüskierung des Königs von Preußen und seiner Prinzen gleich. Was fast so etwas wie eine Kriegserklärung des Strelitzer Herzoghauses gegen Preußen bedeutet hätte.

Aber zurück noch einmal zu jener Stunde im Frankfurter Hotel, in der sich für zwei junge Menschen die Zeit verdichtet wie in einer Knospe. Um danach aufzubrechen in gelebtes Leben. Für Luise wird es ein kurzes Leben sein. Ein Leben, in dem die Stunden des Glücks, der Heiterkeit, der Lust am Dasein, des Geborgenseins in sich selbst, die Stunden der Tränen leichter machen.

Luises Vater, Prinz Karl von Mecklenburg-Strelitz

Was die Zeit, die aufbricht aus dieser Stunde des Jahres 1793, für dieses mit so viel Übermut gesegnete Fürstenkind bereithält, sind fünf Söhne. Einer von ihnen wird einmal deutscher Kaiser sein, ein anderer als preußischer König in geistiger Umnachtung verdämmern. Eine der vier Töchter, die Luise zur Welt bringt, wird einmal Zarin von Rußland werden. Eine andere wird sie beweinen, wenn sich ihr kleiner Sarg in die Gruft absenkt. Tränen auch in jener Stunde, als ihr erstes Kind – ein Sohn – tot zur Welt kommt. Und es werden Tränen des Glücks fließen, wenn das zweite Kind den Kampf ums Leben gewonnen hat. Einen Kampf, den ein anderer Sohn verliert, weil ihm die Zeit nur zwei Jahre gönnt.

Luise selbst wird die Zeit nach dieser Frankfurter Stunde noch 17 Jahre geben. Ein Fächer, den der Kronprinz ihr am Tag darauf schenkt, trägt die handschriftliche Widmung „Rien ne me console que Vous, puisque mon coeur est à Vous" (Nur Du tröstest mich, denn Dir gehört mein Herz). Sie wird diesen Fächer durch die Ballnächte ihres kurzen Lebens tragen. Ebenso wie einen goldenen feingearbeiteten Anneau, den sie selbst in ihrer Sterbestunde nicht vom Finger streift. Wie auch der Kronprinz den ihm von Luise auf den Finger gesteckten Anneau ein Leben lang tragen wird.

17 Jahre bleiben ihr. Sie reichen aus, um aus ihr eine Königin werden zu lassen, die vielleicht nicht die Welt, wohl aber die Herzen der Menschen ihrer Zeit bewegt hat.

Woher kommt sie, diese so ungewöhnliche Frau? Machen wir uns das Vergnügen, einmal nachzuschauen, was sich da an familiärer Mitgift zusammengewürfelt hat, um daraus eine solche Königin werden zu lassen.

Der Vater, der Erbprinz Karl von Mecklenburg-Strelitz, hat kein Händchen fürs Geld. Es fließt ihm hindurch. Und er ist ein Hypochonder, der aus einem Nasenbluten einen Blutsturz macht, seine Wehwehchen so oft wie nur möglich in Bad Pyrmont pflegt.

Fühlt er sich gesund, bricht er zu Reisen auf, um anschließend seinen Kindern von seinen Erlebnissen – ob in London oder Paris, in Rom oder Amsterdam – zu erzählen.

Stets besticht Karl durch seine elegante Kleidung, die nicht vermuten läßt, daß ihre Taschen leer sind. Liebe ist das Mittel seiner Erziehung. Vielleicht aus Schwäche. Denn Schwächen, wenn auch fast nur liebenswürdige, prägen sein Charakterbild. Und da ihn derlei Schwächen zu einem Vater zum Anfassen machen, seine Liebe stets spürbar bleibt, wird er aufs Innigste geliebt.

Doch Karl ist auch ein Mann, den das Schicksal nicht verwöhnt. Verliert er doch kurz hintereinander und in jungen Jahren seine beiden Ehefrauen, holt ein früher Tod fünf seiner Kinder. Aber seine ihm offenbar in die Wiege gelegte Lust auf Leben läßt ihn daran nicht verzweifeln.

Hatte Karl Angst vor Krankheiten, so plagten seinen Bruder Adolf Friedrich IV., den regierenden Herzog von Mecklenburg-Strelitz, andere Ängste. Er gerät nahezu in Panik beim ersten Donnergrollen. Dann flüchtet er sich in einen Glaskäfig im Schloß von Neustrelitz, den er eigens dafür hatte bauen lassen, um nicht eines Tages vom Blitz getroffen zu werden.

Angstgefühle überkommen „Dörchläuchting", wie ihn seine Landeskinder nennen, auch beim Anblick einer Frau. Kurz: Er fürchtet sich vor Frauen fast ebenso wie vor dem Blitzschlag. Diese Distanz zu weiblichen Reizen erwartet er auch von seinen Hofbeamten. Was nicht zu kontrollieren ist. Überflüssig aber die Frage, ob der Herzog kinderlos blieb. Sein herzogliches Zölibat hat aber auch sein Gutes. Es sichert Luises Vater, dem Erbprinzen, die Nachfolge für sich oder seinen Sohn auf den Herzogthron.

Für Luise und ihre Geschwister ist „Dörchläuchting" der „Großvater". Was rein äußerlich darauf schließen läßt, daß seine Abneigung gegen das ewig Weibliche ihn wohl eher hinab als hinan gezogen hat.

Da ist doch der Großonkel Luises und ihrer Geschwister, Ludwig IX., im landgräflichen Schloß in Darmstadt von ganz anderem Schlag. Er verschwindet – bevor dort Grafen und Herzöge den Kopf verlieren – in regelmäßigen Abständen nach Paris, um sein Liebesleben aufzufrischen. An welchem er allerdings auch in Darmstadt nicht gerade Mangel leidet. Hat er dort doch stets besonders schöne und – wie das so ist – auch besonders teure Mätressen um sich.

Was seiner Ehe mit der Landgräfin Karoline aus dem Haus Zweibrücken-Birkenfeld keinen Abbruch tut. Sie schenkt ihrem Ludwig beinahe im Zwei-Jahres-Rhythmus sieben Kinder, darunter vier Töchter, die sie allesamt glänzend verheiratet. Die älteste, die Prinzessin Friederike Luise, mit Friedrich Wilhelm II., dem Vater des preußischen Kronprinzen.

Wofür Landgraf Ludwig, ähnlich wie „Dörchläuchting", der Onkel Luises aus dem Norden, einen Skurrilitätenpreis hätte bekommen können, ist seine Liebe zum Trommeln. Doch nicht nur dieser Leidenschaft wegen, läßt er die Landgräfin in Darmstadt allein mit den Staatsgeschäften und zieht nach Pirmasens, wo die Grenadiere die kunstvollsten Wirbel aufs Trommelfell bringen. Ludwig fürchtet sich im Darmstädter Schloß vor Gespenstern. Er ist sicher, ihnen nächtens immer wieder zu begegnen.

In Pirmasens läßt er die Grenadiere solange drillen, bis ihre Paraden wie Uhrwerke ablaufen, ähnlicher einem Ballett als einem Kriegsaufmarsch. Die Attraktion aber ist sein Trommlerkorps. Womit sich kein anderes im Heiligen Römischen Reich deutscher Nation vergleichen läßt.

Noch erwähnenswert aus der Familie und ihren Absonderlichkeiten ist Luises Tante Charlotte Sophia, die um drei Jahre jüngere Schwester ihres Vaters. Sie hatte Georg III., den König von England, geheiratet. Blind. Die einander Versprochenen hatten sich vor der Hochzeit nie gesehen. Ausgetauschte Miniaturen zur Inaugenscheinnahme waren – zumindest gilt dies für die Prinzessin aus Neustrelitz – über die Maßen geschönt. Kurz: Sie soll eine „Ausgeburt an Häßlichkeit" gewesen sein.

Mochte sich jedoch das ganze höfische London darüber mokieren, daß Georg die ihm aus Gründen höherer politischer Einsicht zugewiesene Charlotte Sophia nicht mit dem nächsten Schiff zurückgeschickt hatte. Er, der 60 Jahre lang England regieren sollte, nimmt die Prinzessin hin wie einen Schicksalsspruch und macht mit ihr gemeinsam das Beste daraus: Sie werden miteinander 15 Kinder haben.

Was finden wir aus all dem Familienerbe in Luise, unserer Prinzessin, wieder, die sich darauf vorbereitet, preußische Königin zu werden? Ganz sicher nichts – aber auch gar nichts – von der Häßlichkeit der Tante an der Themse. Sie ist zwar nicht das, was man eine gelackte Schönheit nennt. Doch, so der Dichter Jean Paul, steht sie äußerlich ihren schönen Schwestern keineswegs nach.

Das erste, was an ihr auffällt, ist ihre hochgewachsene, fast überschlanke Gestalt, ihre blühende Gesichtsfarbe, die, wie es heißt, „einer Rose gleicht". Es ist ein zartes, ein mädchenhaftes Gesicht. Die großen braunen Augen scheinen verträumt. Der Mund ist fein geschwungen und birgt in seinen Winkeln einen Hauch von Kindlichkeit. Gerahmt ist das Gesicht von natürlich gelocktem, in Stirn und Schläfen fallendem Haar. Die Schultern sind schmal. Die Haut ist weiß und makellos. Was beeindruckt, sind die Bewegungen ihrer Hände. Sie weiß das. Wie sie überhaupt weiß, daß von ihrer Erscheinung Faszination ausgeht. Und sie ist eitel genug, dies durch Kleidung, Gestik und munteren Redefluß voll zur Geltung zu bringen.

Alles an ihr ist prallvoll von Leben, gesteuert, ob bewußt oder unbewußt, von einem Übermut, der in ihrer Natur steckt. Sie geht mit einer bei Fürstenkindern kaum gekannten Offenheit auf Menschen zu. Ihr gelingt es, ausgelassen zu sein, ohne von ihrer Würde einzubüßen. Sie hat Spaß daran, daß sie gefällt, daß man ihre Nähe sucht. Sie widerspricht gern, um diesen Widerspruch danach lachend und mit Witz auszugleichen. Eine frühe Meisterin des Gesprächs, des Wechselspiels zwischen Ernsthaftigkeit und Scherz.

Sie lacht viel, diese Prinzessin. Und dieses Lachen kommt aus innerer Freiheit. Es ist das Ergebnis einer für die damalige Zeit ganz ungewöhnlichen, nahezu zwanglosen Erziehung durch Großmutter George. Diese kluge alte Dame hat sie und ihre Schwestern auf eine Welt vorbereitet, in der mehr und mehr das Förmliche, die bis zur Leere gepflegte Etikette, dem Natürlichen Platz machen. Und in Luise ist so viel Trotz, so viel Widerspruch, gemischt mit einer Beigabe von Oberflächlichkeit, daß es ihr immer wieder gelingt, Förmlichkeiten und Formen zu durchbrechen. Weil sie das mit einem großen Schuß Liebenswürdigkeit schafft, wird sie nie zu einer Art „enfant terrible" für ihre Umgebung.

Prinz Louis, der Bruder des Kronprinzen und zukünftiger Gatte von Prinzessin Friederike

War es vergnüglich, in die Familie der beiden Prinzessinnen hineinzuleuchten, die nun Bräute zweier preußischer Prinzen werden, so wollen wir mit wenigen Sätzen etwas Licht in die preußische Seite der Frankfurter Verlöbnisse bringen. Da ist Louis, der Bruder des Kronprinzen, der sich

zum Ehebund mit Luises Schwester Friederike – sie ist bei der Verlobung 15 Jahre alt – durch den König kommandiert sieht. Im Gegensatz zu Friedrich Wilhelm verabscheut Louis das amouröse Treiben seines Vaters nicht. Er ist ihm ähnlich. Der knapp 20jährige hat schon eine Mätresse. Und so weht Kühle durch das Verlöbniszimmer der beiden im Weißen Schwan. Da mag die kapriziöse, verführerische Friederike all ihre schon im frühen Alter zur Verfügung stehende Koketterie aufbieten, Louis läßt das kalt. Es hängt Tragik über dieser Stunde. Sie wird ihren Lauf nehmen.

Die Rückeroberung Frankfurts durch hessische und preußische Truppen 1792

Lesen wir nun aber, was der französische Schriftsteller und Staatsmann Graf von Mirabeau über Kronprinz Friedrich Wilhelm schreibt: „Alles, was man von ihm hört, beweist, daß er einen schönen Charakter besitzt, wenn auch mangelnde Formen. Er ist linkisch. Er ist unhöflich. Aber er ist wahr." Er verlange bei allem nach einer Begründung, sei „hart und zäh bis zur Reinheit", aber doch „nicht unfähig des Gefühls der Liebe". Friedrich Wilhelm verstünde es sehr wohl, „zu achten und zu verachten". Die Abneigung gegen den Vater ginge bei ihm „bis zum Haß".

Diesen Haß verberge er nicht einmal. Dagegen gehe seine Verehrung für Friedrich den Großen, den Groß-Oheim, „bis zur Anbetung“. Mirabeau mutmaßt, daß „dieser Mann vielleicht eine große Zukunft hat“.

Diese Zukunft heißt jetzt im Frühjahr 1793 Luise. Bis dahin hatte er nur einen einzigen Freund, der ihm von seinem 16. Lebensjahr an als Adjutant dient, den Major Karl Leopold von Köckeritz. Ein Elternhaus gibt es für den Prinzen nicht, geschweige denn ein Familienleben. Seine Mutter, die Königin Friederike Luise hat der Gram ob der ewigen Bettgeschichten des Königs hart gemacht. Auch gegen die eigenen Kinder.

So sucht er sich Nestwärme dort, wo man sie eigentlich am wenigsten vermutet: In der Armee. Sie entspricht seinen Neigungen, die geradezu entgegengesetzt den Neigungen Luises sind. In der Armee stehen Ordentlichkeit, Pünktlichkeit, klare Ziele und Aufträge ganz obenan. Das ist seine Welt. Das liebt er. Es ist eine widersprüchliche Liebe. Friedrich Wilhelm mag das Soldatenleben, weil es ihm Geborgenheit gibt. Doch er haßt den Krieg. Er kann Menschen nicht leiden sehen.

Alles an ihm ist – da mag Mirabeau wohl falsch gelegen haben – Bescheidenheit. In ihm ist „nicht die Spur von Bosheit, von Rachegelüsten, von Neid, Hochmut oder Arroganz“ liest man in den Berichten über ihn.

Und auch noch dies: Der Kronprinz und seine Geschwister bekommen nicht einmal ausreichend zu essen. Oft stehen die Königskinder hungrig von der Tafel auf. Weil der Vater für die Versorgung seiner Sprößlinge einen festen Satz zahlt. Der reicht nicht aus. Man mag es sich nicht vorstellen: Der Kronprinz erzählt Luise, daß er als Kind besonders gern Kirschen aß. Er bekam sie nie. Was die ihm Anverlobte zum Anlaß nahm, einen reitenden Boten mit einem Korb voll Kirschen ins Feldlager bei Mainz zu schicken, wo Frankreichs Revolutionsarmee der Belagerung durch die Preußen standhielt.

Nach dem „Angelöbnis“ in Frankfurt hatte man am 24. April in Großmutters Palais am Markt in Darmstadt die

Verlobung der Paare gefeiert. Vater Karl hatte inzwischen den Ehebünden zugestimmt. Es ist dem stets um Bares Verlegenen schon deshalb leichtgefallen, weil König Friedrich Wilhelm, großzügig wie er immer wieder einmal sein kann, die Verlobungsfeiern und die Hochzeiten bezahlen wird. Sie sind für Luise und Friedrich Wilhelm auf den Heiligen Abend 1793 festgesetzt. Friederike und Louis sollen sich am 26. Dezember in Berlin das Ja-Wort geben.

Noch aber ist Verlobungszeit. Und der Krieg ist es, der dafür sorgt, daß die einander Versprochenen auch einander nahebleiben. Kronprinz Friedrich Wilhelm ist zu den Reservetruppen versetzt. Offenbar aus Freude über die Verlobung befördert ihn der König zum Generalmajor. Das Leben in der Etappe läßt ihm nun Zeit, viele Briefe an Luise zu schreiben. Briefe voll Zärtlichkeit, wie man sie dem Kronprinzen nie zugetraut hätte – am wenigsten wohl er selbst. Friedrich Wilhelm ist zum ersten Mal verliebt. Er hat freie Stunden genug, um gemeinsam mit seinem Armee-Adjutanten, dem Major Johann Georg von Schack, und dem Hund Sultan über die Ginsheimer Brücke nach Darmstadt zu reiten. Schack muß bei diesen Rendezvous die Großmutter George ablenken, der – sehr zum Verdruß Luises – immer neue Geschichten einfallen und so den Liebenden zu wenig Zeit bleibt, einander aus den Augen zu trinken.

Ein Höhepunkt des Zueinanderfindens ist der Geburtstag des Prinzen am 3. August. Der Prinz erlebt zum ersten Mal eine Geburtstagsfeier, ausgerichtet für ihn. Am Berliner Hof wurden Geburtstage der Königskinder übergangen. Ein einziges Mal – erinnert er sich – gab es für ihn einen Blumenstrauß. Bei Großmutter George aber gibt es ein riesiges Fest. Luise spielt für ihn auf dem Pianoforte und singt dazu das Lied von der „Grünen Peterzielge und dem Krautsalat“ und auch das von der „Katz“, die Junge hat, „sieben an der Zahl. Sechs davon sind Hunde. Das ist ein Skandal. Und der Kater spricht: Die ernähr' ich nicht!“

Man werde, so hoffe sie, „an unserem Hof mehr lachen als weinen“, sagt sie dem Kronprinzen. Es wird sich nicht erfüllen.

Die Kron-prinzessin

„Ade, unschuldiges
Vergnügen!
Ade, Jugendzeit,
ade Fröhlichkeit …
Es ist eine
schreckliche Sache,
das Heiraten …"

(Prinzessin Luise
an ihre Schwester Therese)

„Lassen Sie sich
im voraus ein großes
Taschentuch machen,
bestehend aus
einem Dutzend Ihrer alten."

(Kronprinz Friedrich Wilhelm
an Luise zu ihren „Abschiedstränen")

Europas Könige des 18. Jahrhunderts scheiden qualvoll aus der Welt. Frankreichs Ludwig XV. verfault im Schloß von Versailles bei lebendigem Leib und vollem Bewußtsein an den Blattern. Die, die ihm nahe stehen, müssen sich zwingen, das Sterbezimmer zu betreten. Nur die Dubarry, die Geliebte des Königs, hält ihm die Hand. Bis der Beichtvater die „fleischgewordene Sünde" vom königlichen Sterbelager verbannen läßt. Ludwigs preußischer Gegenspieler, Friedrich II., quält sich mit Hustenanfällen und rasenden Schmerzen im offenen Bein, bevor er in den Armen seines Kammerhusaren mit den Worten „Wir sind über den Berg – es wird nun besser gehen" die Welt verläßt. Sein Vater, der Soldatenkönig, malt in seinem Todesschmerz Selbstbildnisse, um sich abzulenken. Seinen Enkel, Friedrich Wilhelm II., fängt eine tiefe Ohnmacht auf, bevor ihn der Schmerz zum Wahnsinn bringt. An seinem Krankenlager in Potsdams Marmorpalais wacht Tage und Nächte hindurch die Gräfin Lichtenau, jenes Bürgerkind Wilhelmine, mit der er sein zweites, wohl sein eigentliches Leben lebte.

Dieses Bildnis Königin Luises wird Nikolaus Lauer zugeschrieben.

„Man fürchtete, er könne vor Schmerz den Verstand verlieren", schreibt seine Schwiegertochter, die Kronprinzessin Luise, an ihren Vater, den Herzog Karl von Mecklenburg-Strelitz. „Gott sei seiner Seele gnädig", bittet sie, „und helfe meinem Mann in seinen schweren Arbeiten, die schrecklicher sind als man glaubt." Es ist der 16. November 1797. Luise erhält die Nachricht vom Tod des Königs im Kronprinzenpalais Unter den Linden. Sie weiß es, bevor es ihr der Generaladjutant des Königs, der General von Bischoffwerder, offiziell mitteilen kann. Ihre Oberhofmeisterin, die Gräfin Sophie Marie von Voß, betritt ihr Zimmer mit den Worten: „Der Herr von Bischoffwerder wünscht Ihre Majestät zu sprechen!"

Kurz zuvor hatte der General, der Preußens Staatsgeschäfte führte, dem nach Potsdam an das Sterbebett seines Vaters eilenden Kronprinzen auf halbem Weg nach Potsdam die Nachricht überbracht, daß der König verstorben sei. Nicht daß er zu spät ins Potsdamer Marmorpalais kommen wird, hat Friedrich Wilhelm wie ein Schock ge-

Der Schwiegervater Luises: Friedrich Wilhelm II.

troffen. Er hatte gegenüber diesem Vater, der so ganz anders war als er, eine unüberwindliche Abneigung. Woran sich auch in dieser Stunde, in der er auf der Landstraße zwischen Potsdam und Berlin sein Erbe antritt, kaum etwas geändert haben dürfte.

Nein, der Schock, den dieser Tod bei Friedrich Wilhelm und auch bei Luise auslöst, die neue Königin von schrecklicher Arbeit sprechen läßt, sitzt tiefer. Beide haben sich von jenem Tag an, als sie sich zum ersten Mal im Weißen Schwan in Frankfurt gegenüberstanden, nur noch sich selbst gehört und sich selbst genug sein lassen. Ihre Liebe zueinander, die mit jedem Jahr inniger wurde, hat sie der Welt entrückt, sie mit all ihren Wirklichkeiten fast vergessen gemacht.

Nun sehen sich beide – trotz allen Wissens um die Unausweichlichkeit ihres Schicksals – dem königlichen Erbe beinahe erschrocken gegenüber. Hinzu kommt: Was der tote König hinterläßt, ist ein politisch, wirtschaftlich und nicht zuletzt auch moralisch heruntergekommenes Land. Mit jenem Zynismus, der ihm Zeit seines Lebens eigen war, hat Christian von Massenbach, einer der preußischen Chronisten, den Tod Friedrich Wilhelms kommentiert: „Wohl uns, daß er nicht mehr ist! Der Staat war seiner Auflösung nahe!"

Die junge Königin, gerade 21 Jahre alt, der König mit seinen 28 Jahren, vielleicht mag sie in dieser Stunde, in der das Geschehen plötzlich innehält, sich verknotet und Angst macht, die Vorahnung befallen, daß es unter ihrer Herrschaft für Preußen noch weit schlimmer kommen, das Land des umtriebigen Großen Kurfürsten, des harten Soldatenkönigs, des genialen großen Friedrichs die tiefste Erniedrigung seiner Geschichte erfahren sollte. An ihren Bruder Georg schreibt Luise: „Glaube mir, ich bin

Das Lustschloß auf der Pfaueninsel: beliebter Aufenthaltsort von Luise und Friedrich Wilhelm

nicht zur Königin geboren." Und doch ist sie es! Sie ist es, wie es keine andere vor ihr war und nach ihr sein wird. Ein Wetterleuchten der Weltgeschichte lang ist sie, wie niemand sonst, Preußen in seiner besten Verkörperung.

Doch kehren wir zurück aus der Zukunft dieser Frau, der das Leben nur 34 Jahre gönnen wird. Finden wir uns ein an jenem 28. Mai des Jahres 1793. Es ist der Tag, an dem Friedrich Wilhelm II. seine künftigen Schwiegertöchter Luise und ihre Schwester Friederike in das neue Hauptquartier der österreichisch-preußischen Koalitionsarmee nach Bodenheim eingeladen hat. Noch immer führt der König Krieg gegen Frankreichs Revolutionstruppen, die sich in den Festungen Mainz und Kastell verschanzt haben.

Goethe, der zusammen mit Weimars Herzog Karl August an diesem Maitag bei der mit Preußen verbündeten Weimarer Truppe ist, schwärmt von diesem Ereignis in seinem Kriegstagebuch. Er habe die beiden Prinzessinnen vor seinem Zelt „ganz vertraulich auf und nieder gehen sehen". Für „himmlische Erscheinungen" hätte man sie halten können, „die beiden jungen Damen, deren Eindruck auch mir niemals verlöschen wird".

Friedrich Wilhelm II. mit seinen Generälen im Feldlager vor Mainz

Ganz anders und sehr viel irdischer berichtet Friederike in einem Brief an ihre Schwester Therese von diesem Tag, der mehr einem Apriltag gleicht mit Regen, Sturm und Hagelkörnern. Der Wind sei „unverschämt genug gewesen, uns die Unterröcke bis zu den Knien aufzuheben". Von der Begegnung mit ihrem Verlobten, dem Prinzen Louis, der sich noch immer wenig aus der 15jährigen macht, schreibt sie – eher trotzig als betrübt: „Auch mein Partner fürs Leben befand sich im Lager".

Die Stunden im Feldlager von Bodenheim sind ausgefüllt mit Hochzeitsvorbereitungen. Die Trauung des Kronprinzen mit Luise ist auf den 24. Dezember 1793 in Berlin festgesetzt. Zwei Tage später sollen Louis und Friederike heiraten. Hier in Bodenheim erfährt das Kronprinzenpaar, wie sich der von Luise als gütig empfundene König den Hofstaat der beiden vorstellt. Als der Kronprinz hört, daß die Gräfin Sophie Marie von Voß, zu dieser Zeit 64 Jahre alt, die Oberhofmeisterin der Kronprinzessin werden soll, ist er entsetzt. War sie doch, als sie noch jung, bildschön und Sophie Marie von Pannewitz war, die ebenso leidenschaftliche wie tragische Liebe seines Großvaters, des Prinzen August Wilhelm. Friedrich der Große hatte ihm während des Siebenjährigen Krieges wegen militärischer Fehlleistungen das Truppenkommando entzogen. Was August Wilhelm – wie man wissen will – seelisch zerbrach, so daß er ein Jahr später in tiefer Depression starb. Andere wollen die unglückliche Liebe zu der Dame von Voß – er war schließlich verheiratet mit Luise von Braunschweig-Wolfenbüttel – als Ursache für seinen frühen Tod ausgemacht haben.

Als Sophie Marie die Skandal-Liaison mit dem von Friedrich II. als seinen Nachfolger bestimmten Prinzen von Preußen durch eine Heirat mit ihrem Vetter von Voß lösen will, gerät das Ganze erst recht zum Skandal. Der über die Maßen sensible Preußenprinz, der sich scheiden lassen und seine Geliebte heiraten wollte, sinkt bei der Trauung Sophie Maries mit dem Grafen von Voß in der Kirche ohnmächtig zusammen.

Gräfin Voß, die Oberhofmeisterin der Königin Luise

Bleiben wir noch bei der Gräfin. Mag Kronprinz Friedrich Wilhelm ob der großväterlichen preußisch-sentimentalen Liebesgeschichte noch so empört sein, als er von der Bestellung der Voß als Oberhofmeisterin seiner Luise erfährt. Für Luise wird sich diese Wahl des Königs ihr Leben lang als Glücksfall erweisen. Für den, der den Klatschmäulern am preußischen Hof glauben mag, sei noch dies hinzugefügt: Die Gräfin soll sich rühmen können, als Elfjährige auf der Wendeltreppe des Schlosses Monbijou Friedrich Wilhelm I. geohrfeigt zu haben, als er – den man eigentlich nicht als Lüstling kennt – das bezaubernde Kind küssen wollte.

Eine durch und durch ungewöhnliche Frau, diese Dame von Voß, die Regimentsmärsche komponierte und Gedichte schrieb. Sie war von einem derartigen Liebreiz, daß sie ungezählten Heiratskandidaten – darunter Europas beste Partien – ebenso viele ungezählte Körbe gab. Sie hat, wie sie es selbst bekennt, ihrem Prinzen „im Herzen die Treue gehalten".

Luise wird der Voß, die sie Voto nennt, während Friedrich Wilhelm von ihr als die „Gottseibeiuns" spricht, zum ersten Mal vor dem Potsdamer Schloß begegnen. Dort hat sich am 21. Dezember 1793 bei der Ankunft der Prinzessinnen der gesamte Hofstaat zur Begrüßung eingefunden. Niemand weiß, was in der Gräfin vorgeht, als sie bei der Begrüßung der 17jährigen Luise – wie es das Protokoll vorschreibt – langsam, als gelte es jede Sekunde abzuwägen, das Knie bis tief auf den Boden senkt. Um sich danach ebenso langsam und voll faszinierender Würde wieder aufzurichten. Was mag sie bewegt haben? Vielleicht der Gedanke, daß sie – wäre das Schicksal mit ihr und mit dem, den sie in ihrem Leben „als einzigen" liebte, glücklicher verfahren – an diesem Tag als preußische Königin einer vor ihr aufs Knie sinkenden Prinzessin Luise gegenüberstehen könnte.

Vor dieser ersten Begegnung der alternden Gräfin und der jungen Prinzessin hatte es für Friederike und Luise eine Reise durch die deutschen Lande gegeben, wie keine andere zuvor. Man vergegenwärtige sich, daß die Massenmedien noch nicht erfunden waren, Nachrichten noch immer vor allem von Mund zu Mund liefen. Dennoch gerät die Reise der Bräute nach Berlin zu einer Jubelfahrt ohnegleichen. Georg, der 14jährige Bruder der beiden, der mit in der neuen, eigens in England gebauten grünen Kutsche sitzt, schreibt, der Jubel und die Lobeshymnen auf die beiden Fürstentöchter „hätten verderblich wirken können, wären meine Schwestern nicht so vernünftig“.

Reizvoll müssen sie ausgesehen haben, die beiden schönen Mädchen aus Deutschlands Provinz. Großmutter George hatte sie mit gestreiften Westen herausgeputzt, mit Röcken aus strahlend blauem Kaschmir und garniert das alles mit grünem und weißem Pelz. Die Fahrt geht über Aschaffenburg und Würzburg nach Weimar, von dort weiter nach Leipzig, wo man ins Theater geht.

Man soll Äußerlichkeiten nicht überbewerten. Doch ist man versucht, die Abreise aus Darmstadt an einem 13. Dezember und die Feuersbrunst, die zur Stunde des Aufbruchs über die Stadt kam und die Sturmglocken läuten ließ, als bösen Stern zu sehen. Von „großer Beklemmung“ hat Luise ihrer Schwester Therese am Tag vor dem Reiseantritt geschrieben. „Ade, unschuldiges Vergnügen! Ade Jugendzeit, ade Fröhlichkeit“, heißt es in diesem Brief.

Ein anderes, ein neues Leben beginnt sich abzuspulen nach dem Reglement des preußischen Königshofes und nach einem Ehekontrakt. Er verpflichtet den Vater der Braut, sie „mit fürstlichen Kleidern, mit Schmuck, Kleinodien, Silbergeschirr und anderem dergestalt auszufertigen, wie das einer Prinzessin aus Unserem Fürstlichen Hause eignet und gebühret“. Der Kronprinz verspricht in dem Kontrakt, „sobald das Beilager gehalten, Unserer hochgeliebten Gemahlin, der Prinzessin Luise Liebden, ... zu selbsteigenen Dispositionen eine jährliche Rente von sechstausend Thalern dergestalt zu versichern ...“. Sollten die Prinzessinnen zu Witwen werden, wird Luise die Ämter Köpenick, Fürstenwalde und Alt-Landsberg mit Pachteinnahmen von 34.000 Talern erhalten. Friederike muß sich aus ihrem Witwenbesitz mit einer jährlichen Pacht von 20.000 Talern aus den Ämtern Chorin und Biesenthal begnügen. Das Schloß Köpenick soll der Witwensitz Luises werden. Friederike wird das Schloß Schwedt bekommen.

Lassen wir uns nun von Dagmar von Gersdorff aus ihrem Buch „Königin Luise und Friedrich Wilhelm III." vom Tag des Einzugs in Berlin berichten. Die Prinzessinnen hatten zuvor die Darmstädter Equipage gegen die goldene Kutsche des Königshofes getauscht. „Ihnen gegenüber nehmen die Oberhofmeisterinnen Frau von Voß und Gräfin Brühl Platz. In den Straßen drängt sich die Menge, alles ist auf den Beinen, um die ‚schönen Bräute' zu sehen. Entlang der Wilhelmstraße stehen 22 Kompagnien der Berliner Bürgerwehr, die sich rechts und links dem Zug anschließen."

Im Neuen Flügel von Schloß Charlottenburg erlebte Luise mit ihren Kindern unbeschwerte Sommertage.

Unter den Linden hat man eine 20 Meter hohe mit Girlanden und Myrtenkränzen geschmückte Ehrenpforte errichtet. Als ein weißgekleidetes Mädchen dort Luise einen Blumenstrauß überreicht, die Prinzessin sich zu ihm niederbeugt und es küßt, ist die Gräfin Voß erschrocken und empört zugleich. Luise fragt daraufhin die Gräfin vor aller Öffentlichkeit: „Darf ich das nun nicht mehr tun?" Womit aus einer Harmlosigkeit erst ein rechter Eklat wird.

Ähnliches, wenn auch auf höherer Ebene, wiederholt sich ein wenig später im Schloß in den Räumen von Königin Friederike Luise bei der Vorstellungscour der Königin. Luise erwidert mit einem leichten Neigen des Kopfes den Gruß der an ihr und der Königin vorbeidefilierenden Gäste. Die Zurechtweisung der Königin ob dieser „Anmaßung" offenbart die ganze Abneigung gegen die Heirat ihres Sohnes: „Wenn ich Cour abhalte, gilt sie mir allein und ich bin die einzige, die man grüßt!"

Nun aber scheint bei Luise, dem Kind aus Darmstadt, zu deren Naturell eine durch viel Charme gemilderte Aufsässigkeit gehört, wieder einmal das „enfant terrible" durchzubrechen. Und sie spielt es perfekt. Am Abend vor der Hochzeit beim großen Hofball besteht die Prinzessin darauf, jenen Tanz zu tanzen, der am Berliner Hof, wie an vielen Höfen Europas, als „despektierlich" gilt: den Walzer. Was die Gräfin Voß „mit einiger Besorgnis" zur Kenntnis

nimmt. Die Königin jedoch – zum Vergnügen Luises – mit sichtlicher Verärgerung. Sie dreht, als habe man sie schwer beleidigt, den Tanzenden den Rücken zu.

Am nächsten Tag, dem Hochzeitstag, scheint bei der Prinzessin die Lust zu provozieren verflogen zu sein. Eine ernst dreinblickende junge Frau betritt den Weißen Saal des Berliner Schlosses. Sehr ernst und voller Würde steht sie da in ihrem Brautkleid aus silberfarbenem Atlas mit der hohen bis unter die Brust verlängerten Taille. Das Kleid hat kurze Ärmel und einen mit Diamanten besetzten Ausschnitt. Um den Hals trägt sie ein Kronkollier. Auf dem aschblonden Haar die Diamantkrone, die ihr die Königin selbst nach alter Tradition aufgesetzt hat.

Luise und Friederike umkränzen die Büste ihres Schwiegervaters. Das Gemälde entstand als Ausdruck der Freude über den Baseler Sonderfrieden, der im April 1795 abgeschlossen wurde und der Preußen ein Jahrzehnt des Friedens schenkte.

Im Hochzeitszug, der sich um 18 Uhr des 24. Dezembers im Schloß durch die vom Kerzenlicht in Gold getauchten Räume Friedrichs I. bewegt, ist alles vertreten, was in Preußen zum hohen Adel zählt. Angeführt wird der Zug hinter der Prinzessin von den beiden Königinnen Friederike Luise und Elisabeth Christine, der Witwe Friedrichs des Großen.

Aus Luises Verwandtschaft waren der Vater, die Großmutter George und Prinz Georg unter den Gästen und – man glaubt es kaum – auch der Onkel, der regierende Herzog Adolf Friedrich von Mecklenburg-Strelitz. Er hat, wie wir wissen, zwei Ängste: vor Gewitter und vor den Frauen. Nun mußte er nur seiner Angst vor den Frauen Herr werden. Waren doch Gewitter im Dezember nicht zu erwarten.

Das Ja-Wort geben sich der Kronprinz und die Prinzessin vor dem Hofprediger Friedrich Samuel Sack, der Friedrich Wilhelm getauft und konfirmiert hatte. Sack findet die Worte, die so etwas sein könnten wie ein Geleit für Luises weiteres Leben: „Von ihrer königlichen Hoheit erwartet der Prinz, für den Sie zu leben geloben, was Würde und Macht ihm nicht geben können: das heilige Glück der Freundschaft." Er wird dieses Glück dringender brauchen, als es sich beide an diesem Tag vorstellen können.

Schon am Tag nach der Hochzeit beziehen Friedrich Wilhelm und Luise das Kronprinzenpalais Unter den Linden. Hier haben schon Friedrich der Große und Elisabeth

Christine gewohnt, Prinz August Wilhelm und Prinzessin Luise, die Großeltern des Kronprinzen, dessen Vater hier geboren wurde. Karl Adolf Reichsgraf von Brühl hatte zuvor für 23.000 Taler das Haus renovieren lassen. Es wurden die Treppen erneuert, die Spiegel ergänzt und die Wände mit Damast- und Papiertapeten bekleidet.

Zum ersten Mal betritt nun Luise dieses Haus. Sie wird als kostbarsten Raum ihr Schlafzimmer finden. Es hat eine farbige Decke. Das Bett steht hinter goldgeränderten Seidenvorhängen. Über dem Bett erhebt sich ein Baldachin aus blauem Atlas. Dagegen das Schlafzimmer Friedrich Wilhelms: Es ist sparsam möbliert. Zum Schlafen hat er sich – einmal Soldat, immer Soldat – ein Feldbett aufstellen lassen, in dem er nach eigenem Bekenntnis Zeit seines Lebens die beste Ruhe findet.

Der Weiße Saal im Schloß Charlottenburg

Das Glück des Kronprinzenpaares, begründet auf einer Liebesheirat, die so selten ist in Fürstenhäusern, es könnte ungetrübt sein. Doch auch Liebesheiraten sind nicht ungetrübt. Zu verschieden sind die beiden. Der Kronprinz ist eher von einfacher Natur, Luise an seiner Seite ist das komplizierte, heitere und sorglos scheinende Geschöpf voller Übermut, durchsetzt mit großen und kleinen Schwächen. Der Kronprinz haßt die Unpünktlichkeit. Beinahe zu Luises Natur gehört jedoch, sich ständig zu verspäten. Er ist ein Frühaufsteher. Sie läßt sich das Frühstück ans Bett bringen.

Friedrich Wilhelm ist von seinem vierten Lebensjahr an, als er mit seinem Erzieher eine eigene Wohnung zugewiesen bekommt, an Ordnung und Disziplin gewöhnt. Von ihr wissen wir, daß sie, wo auch immer sie ist, Unordnung verbreitet. Ein Chronist hat die Gegensätze, die von der Liebe der beiden überbrückt werden sollen, so beschrieben: „Er ernst, sie freundlich, er kurz, sie erklärend, er voll Sorge, sie erheiternd, er prosaisch, sie poetisch, er praktisch, sie idealistisch."

Geradezu unbarmherzig hat Friedrich Wilhelm selbst nach dem Tod Luises das Wesen dieser Frau zu charakterisieren versucht. In seinen Aufzeichnungen „Vom Leben und Sterben der Königin Luise“ schreibt er unter anderem: „So groß in meiner Frau auch das Bedürfnis nach höherer Bildung lag, so fehlte es ihr doch an dem dazugehörigen Fleiß.“ Vieles habe sie angefangen und nicht zu Ende geführt, vom Zeichenunterricht bis zu den Musikstunden.

Und er? Seine Pünktlichkeit und seine Ordnungsliebe waren schon ausgewachsene Pedanterie. „Stur wie ein Maulesel“, sei er, meint die Gräfin Voß. Das Schlimmste: Der Prinz war in hohem Maße launenhaft und voll Pessimismus. Und schließlich war er in der Liebe zu seiner Frau von einem Egoismus, der einer jungen Ehe nicht gut

Das Kronprinzenpalais Unter den Linden, gemeinsam mit dem Prinzessinnenpalais heute, und auf einem alten Stich (rechts).

tut. Es kränkt ihn geradezu, wenn Luise im Kronprinzenpalais Gäste hat. Das gilt selbst für Prinzessin Friederike, die mit dem Prinzen Louis nebenan im Prinzessinnenpalais wohnt. Sie hat im Gegensatz zu Luise Lieblosigkeit zu beklagen. Wofür sie sich schon bald zu entschädigen weiß.

So sind denn für Friedrich Wilhelm und Luise nahezu alle Bedingungen erfüllt, die zu einer ersten Ehekrise führen müssen. Der Auslöser heißt Louis Ferdinand. Zitieren wir aus einer Schilderung: „Eine strahlende Erscheinung, schlank, mit auffallend großen dunkelblauen Augen und mit der kühn geschwungenen Hohenzollernnase. Er ist vier Jahre älter als Luise und der Schwarm aller Berliner, vor allem jedoch der Berlinerinnen.“ Von „ echt preußischer Gesinnung, groß und schön wie Apollo“, findet ihn der konservative Friedrich August von der Marwitz. „Ein Märchenprinz bei Lebzeiten, ein Halbgott nach seinem frühen Tod“, so formuliert es Eckart Kleßmann in seiner Biographie.

Der Märchenprinz, der wie keiner sonst in Preußen je so ungeteilt geliebt wurde, ist der Sohn des Prinzen Ferdinand, des jüngsten Bruders Friedrichs des Großen. Die „Ferdinands“, wie man bei Hofe sagt, bewohnen das

Schloß Bellevue, heute der Sitz des Bundespräsidenten. Es gilt für die königliche Familie um Friedrich Wilhelm II. fast als eine Tabuzone.

Da wir Luise in ihrem Umgang mit Tabus kennen, wundert es kaum, daß sie nicht gerade selten im Schloß Bellevue auftaucht. Und da der Prinz – im Gegensatz zu Friedrich Wilhelm – nicht nur ein begnadeter Musiker, sondern auch ein göttlicher Tänzer ist – er hat eben alles –, tanzen sich die Kronprinzessin und der beim König nicht sehr gelittene Cousin durch die Hofbälle. Schon bald beginnt man nicht nur zu tuscheln, sondern so offen wie provozierend von einem Traumpaar zu sprechen. Bis der König dem Spiel mit dem Feuer dadurch ein Ende bereitet, daß er in einem Brief an den Sohn die „schlechte Gesellschaft" der Kronprinzessin rügt und empfiehlt, die Ungezügelte wie ein „Dressurpferd zu korrigieren". Der Kronprinz solle sie nur noch „nach der Hand reiten" und „bisweilen die Sporen gebrauchen".

Der Kronprinz stellt sich sofort vor seine Frau. Er antwortet dem König, daß die Verfehlungen Luises nicht ihrem Charakter zuzuschreiben seien, der gewiß gut sei, sondern ihrer Unbändigkeit.

Da trifft es sich vorzüglich zur Beendigung der Ehekrise, daß der Kronprinz zu den Frühjahrsmanövern nach Potsdam einrücken muß und Luise mit ihm geht. Potsdam, die Ferne vom Sündenbabel Berlin, wirkt offenbar wie ein Gesundbrunnen für die junge Ehe. Luise schwärmt von den sechs Wochen Potsdam, sie seien die schönsten Wochen ihres Lebens gewesen. An ihren Bruder Georg schreibt sie: „Ganz ohne Gêne und Etikette, so ganz nach seinem Willen hab' ich gelebt, und ich fühlte das Glück, solch ein Leben zu führen, nie lebhafter, als wenn ich von Berlin Nachricht bekam: heute ist großer Ball oder heut ist groß Konzert und Souper. Ach, da war ich vergnügt, mich an der Seite meines Mannes zu finden, in einer Linonchemise und ausgekämmte Haare, und ihm recht vorschwatzen zu können, wie sehr ich ihn liebte und schätzte, und dann so gegen sieben Uhr, gerade um die Zeit, wo die Tanzenden sich fürchterlich zerhabten und zersprangen, um warm zu bekommen, setzte ich im Wisky (es handelt sich um einen leichten, einspännigen Wagen) mit ihm, um Gottes schöne Luft zu genießen, mich dadurch gesund und frisch zu machen und ihm, unsrem guten Vater, recht herzlich und inbrün-

Schloß Bellevue, der Sitz des Bundespräsidenten, früher Wohnsitz des Prinzen Ferdinand und seiner Familie, genannt die „Ferdinanderie"

Verglichen mit Apollo: Prinz Louis Ferdinand

stig zu danken, mich an der Seite meines Gatten gebracht zu haben."

Aus den Liebenden von Darmstadt ist nun offenbar ein Ehepaar geworden. Es wurde dafür höchste Zeit. Denn das Unheil ist nicht fern, und es bedarf der Kraft einer glücklichen Ehe, daran nicht zu zerbrechen. Am 7. Oktober 1794 kommt Luises erstes Kind tot zur Welt. Sie habe die Tränen heruntergeschluckt, berichtete sie ihrer Schwester Therese, „um nicht meinen lieben und ausgezeichneten Mann unglücklich zu machen." „Er war ein so schönes Kind", wird sie an ihren Bruder Georg schreiben.

Fast auf den Tag ein Jahr später, am 15. Oktober, wird sie erneut von einem Kind entbunden. Man wird ihn Friedrich Wilhelm nennen. Er wird der vierte Friedrich Wilhelm in der Geschichte der preußischen Könige werden.

Das Kind droht im Frühjahr 1796 an einer Pockenimpfung zu sterben. Luise macht sich Vorwürfe, weil sie es nicht lassen kann – trotz des mit dem Tode ringenden Jungen –, die Hofbälle zu besuchen. Die reuige Sünderin schreibt: „Mein Kind, mein armes einziges Kind, litt alle Leiden der Welt und ich, ich mußte ausgehen, mußte tanzen, aber mit welchem Herzen, ach, das weiß Gott allein."

Eineinhalb Jahre danach haben sich der Kronprinz und die Kronprinzessin in Paretz von dem begnadeten David Gilly einen Landsitz bauen lassen, der in seiner Schlichtheit, so wie es dem Kronprinzen entspricht, von eigentümlicher Schönheit ist. Zur gleichen Zeit ist es zu Ende mit dem Sich-Einspinnen in den Kokon ihrer Liebe, mit dem Die-Welt-weit-draußen-lassen. Als die Gräfin Voß Luise zum ersten Mal als ihre Majestät anspricht, an jenem 16. November 1797, ist die Illusion zerplatzt, man könnte aus der Weltgeschichte aussteigen und inmitten einer sich brutal verändernden Welt eine Insel der Seligen bewohnen.

Beatrice Härig

Paretz – die ländliche Idylle

Im Juni des Jahres 1800 schreibt Königin Luise in einem Brief an ihren Mann Friedrich Wilhelm III.: „Denk nur, den Tag, als wir auf der Pfaueninsel waren, vergangenen Dienstag, hatten wir ein Gewitter, wie ich es mein Lebtag noch nicht gesehen habe; man glaubte, Paretz hätte gebrannt. Wenn das gewesen wäre, ich hätte mich tot geheult." Man darf ihren Worten Glauben schenken: Der Ort Paretz, am Ufer der Havel nördlich von Potsdam gelegen, war für das Königspaar gleichbedeutend mit Frieden, Entspannung und Glück. Fern der Last von Repräsentation und Regierungsverantwortung zog sich die königliche Familie regelmäßig im Spätsommer für bis zu sechs Wochen in die ländliche Idylle zurück. Bis die Flucht vor Napoleon 1806 ins Exil der jährlichen Sommerfrische ein jähes Ende setzte. Man hielt sich viel im Freien auf, spielte mit den Kindern oder machte Leiterwagenfahrten. Berühmt waren die rustikalen Erntedankfeste, zu denen jeder eingeladen war, König und Bauer gemeinsam Punsch tranken und Honigkuchen aßen. Des Kronprinzen Adjutant, der dicke Köckeritz, erzählt: „Die guten Menschen genossen zum

Die Kirche von Paretz, im Kern gotisch, wurde 1797 umgebaut. In der ehemaligen Königsloge befindet sich das Tonrelief von Johann Gottfried Schadow von 1811/12, die Apotheose der Königin Luise (Abb. S. 131)

Tapete aus dem Gartensaal des Paretzer Schlosses

ersten Mal in ihrem Leben so ganz das Einfache der Natur, entfernt von allem Zwang nahmen sie so herzlich Anteil an den naiven Äußerungen der Freude des Landvolks, besonders bei dem Erndtefeste, vergaßen ihre Hoheit, mischten sich in ihre Tänze, und hier war im eigentlichen, aber wahren Verstande Freiheit und Gleichheit. Ich selbst dachte nicht daran, daß ich 54 Jahre zurückgelegt, und tanzte gleichfalls mit, desgleichen die Oberhofmeisterin von Voß." Diese war eigentlich gar nicht begeistert von den ländlichen Aufenthalten, ließ die Etikette doch sehr zu wünschen übrig.

Für uns heute mag dieses Landleben zu zelebriert und künstlich erscheinen. Nicht nur das kleine Schloß ließ Friedrich Wilhelm III. 1797 von David Gilly (1748–1808) unter Mithilfe seines Sohnes Friedrich Gilly (1772–1800) neu erbauen, sondern das gesamte Dorf stammte aus ihrer Feder. Pferde- und Kuhstall, Hofgebäude, eine große Schmiede, das Gasthaus, Torhaus, die Kirche und sämtliche Dorfhäuser waren Teil der ländlichen Mustersiedlung. Die Bewohner jeden Hauses mußten Zimmer für Angehörige des Hofes freihalten.

Für die Zeitgenossen jedoch war die Natürlichkeit der Königsfamilie ein Grund für höchste Popularität. Die schlichte Architektursprache der Gillys unterstrich diese neue Einfachheit. Im krassen Gegensatz zu den Barockbauten der vorhergehenden Jahrzehnte schufen sie ein Ensemble mit klaren kubischen Gebäuden, glatten Wänden, einfach eingeschnittenen Fenstern und zurückhaltender Ornamentik. Das Schloß mit seinen anderthalb Geschossen und dem flachen Walmdach akzentuierte David Gilly ausschließlich durch ein Mittelrisalit mit Bogenfenster, Rosetten und Stuckverzierungen. Auch wenn Friedrich Wilhelm III. Gilly ermahnte, er solle „immer daran denken, daß Sie für einen armen Gutsherrn bauen“, ist die Innenausstattung des Schlosses, bald mit dem hübschen Namen Schloß „Still-im-Land“ bedacht, elegant gewesen. Wunderschöne Papiertapeten mit Vogel- und Landschaftsmotiven zierten die Räume.

Schon mit Schloß und Gut Steinhöfel bei Fürstenwalde in Brandenburg hatte David Gilly Anfang der 1790er Jahre eine außerordentlich schöne klassizistische Anlage geschaffen. Kronprinz Friedrich Wilhelm III. und Luise waren bei diversen Besuchen auf Steinhöfel so begeistert, daß sie Architekt und Konzept übernahmen, als mit Paretz ein geeigneter Ort gefunden wurde. Von 1797 bis 1804 entstand ein Dorf von größter Harmonie, das den Ruhm der Gillys als Meister des Klassizismus mitbegründete. Wie in Steinhöfel wurde die Siedlung in einen Landschaftsgarten – einer der ersten in Preußen – mit mehreren romantischen Kleinarchitekturen gebettet.

Nicht alle der Gutsgebäude der Gillys stehen noch in Paretz, auch die Gartenarchitekturen sind größtenteils verschwunden, und das Schloß selbst mußte entstellende

Umbauten über sich ergehen lassen. Die farbenprächtigen Tapeten aber wurden glücklicherweise 1947 in Potsdam-Sanssouci eingelagert. Sie sind nun restauriert und in dem auf die ehemaligen Grundrisse zurückgebauten Schloß wieder aufgespannt worden. Ab Sommer 2001 steht das Schloß Besuchern als Museum offen. Dann kann dieses Kleinod preußischer Landbaukunst, in dem Luise und ihr Mann vor 200 Jahren in „kindlichem Frohsinn" lebten, wieder bewundert werden.

Friedrich Wilhelm, der in Paretz einfach „nur Mensch" sein wollte, hat eine Welt geschaffen, die gegensätzlicher zur üppigen, von ihm gehaßten prunksüchtigen Lebensweise seines Vaters kaum hätte sein können. Luise schreibt ihm im April 1797: „Um Dich dafür zu bestrafen, daß Du Sonnabends so viel Champagnerwein trinkst, teile ich Dir mit, daß ich mich für die ganze Zeit meines Aufenthalts in Potsdam schminken lassen werde, und wenn ich erfahre, daß Du kommenden Sonnabend auch noch soviel trinkst, werde ich es in Paretz ebenso machen." Welch eine Drohung!

Die Gartenseite des Schlosses aus dem „Paretzer Skizzenbuch", einem Geschenk des Oberhofmarschalls von Massow an den König 1811. Von Massow war der Besitzer von Gut Steinhöfel. Das kostbare Skizzenbuch enthält 50 kolorierte Zeichnungen vom Schloß, von den Wohn- und Wirtschaftsgebäuden, Grotten, Brücken und der Kirche in Paretz.

Das Traumpaar

„Ich lebe zum Vergnügen meines Mannes."

(Luise in einem Brief an ihren Bruder Georg)

„Ich verehre den König wegen seiner religiösen Sittlichkeit, seiner reinen Liebe zum Guten, ich liebe ihn, wegen seines wohlwollenden Charakters und beklage ihn, daß er in einem Zeitalter lebt, wo diese Liebe, diese Rechtschaffenheit, nur seinen Fall befördern."

(Heinrich Friedrich Freiherr vom und zum Stein über Friedrich Wilhelm III.)

Königin Luise und König Friedrich Wilhelm III. im Park von Schloß Charlottenburg, Gemälde von Friedrich Georg Weitsch, 1799

Er hätte ihn mitnehmen sollen zur Krönung nach Königsberg, den Prinzen von Solms-Braunfels. Friedrich Wilhelm III. hatte den blendend aussehenden Berufsoffizier eben erst aus Ansbach nach Berlin in sein Garde du Corps geholt. Wer konnte schon ahnen – am wenigsten dieser leicht weltfremde neue König –, daß seine Schwägerin, die Prinzessin Friederike, die durch die „Bräune", wie man die Diphtherie damals nannte, mit gerade einmal 18 Jahren zur Witwe geworden war, so rasch Wohlgefallen an dem schönen Prinzen fand. Wobei sie es nicht dabei beließ. Vielmehr die Krönungsreise des Königs und ihrer Schwester Luise nutzte, um aus dem beiderseitigen Wohlgefallen eine Liaison zu machen mit allnächtlichen Besuchen des Solmser Prinzen in ihrem Witwendomizil, dem Schloß Schönhausen. Es ist jenes Schloß, das Friedrich der Große seiner Frau, der Königin Elisabeth Christine, zum Trennungsgeschenk machte und wo sie sich der Gartenkunst hingab und erbauliche französische Literatur ins Deutsche übersetzte.

Der Prinz und die blutjunge Witwe des Prinzen Louis mußten beim Ausleben ihrer Liebe äußerst diskret und vorsichtig sein. Wäre doch diese Affäre – würde sie ruchbar – schon deshalb ein Skandal, weil Friederike inzwischen dem Herzog Adolphus von Cambridge versprochen war. Es ist ihr englischer Vetter, dessen Werben sie bei einer Kur in Bad Pyrmont erlegen war. Was ihr dort nicht nur mit ihm passierte. Der Vetter aus London wollte die bildschöne junge Frau jedoch nur unter der Bedingung heiraten, daß die Kinder Friederikes auf dem europäischen Festland bleiben.

Als dann im Frühjahr 1798 ihr kleiner Sohn Karl stirbt, sieht Friederike dies als Strafe Gottes dafür an, daß sie bereit gewesen sei, sich von ihren Kindern zu trennen. Da braucht man Trost. Den fand sie offenbar in jenem frisch aus Ansbach herbeikommandierten Prinzen.

Wie schmerzlich aber muß es den von „religiöser Sittlichkeit" geprägten Friedrich Wilhelm getroffen haben, als er ausgerechnet wenige Tage vor Weihnachten von Luise erfahren muß, daß die Liebesspiele Friederikes mit wechselnden Partnern – darunter auch ein heftiges und langanhaltendes Abenteuer mit Prinz Louis Ferdinand – nicht ohne Folgen geblieben waren. „Jeder will sie haben", schreibt die Gräfin Voß, die Oberhofmeisterin der Königin, knapp, aber offenbar zutreffend in ihr Tagebuch.

Luise selbst ist von ihrer Schwester enttäuscht. Dies nicht wegen der außerehelichen Schwangerschaft. Nein, sie leidet und wird krank, weil sie davon nicht durch Friederike selbst unterrichtet wird. Sie muß es ausgerechnet von ihrer Schwägerin, der Prinzessin Wilhelmine, genannt Prinzessin Mimi, erfahren, und zwar als Friederike schon im siebten Schwangerschaftsmonat ist.

Es wird denn also höchste Zeit, dafür zu sorgen, daß eine preußische Prinzessin an einem Königshof, der gerade versucht, die sündigen Jahre Friedrich Wilhelms II. vergessen zu machen, sich dabei in die Idylle flüchtet und ins leicht Spießige abdriftet, kein uneheliches Kind zur Welt bringt. Im Familienrat des Königs wird beschlossen, daß die Prinzessin und der Prinz zu Solms-Braunfels sofort hei-

Schloß Schönhausen in Berlin-Pankow, das Witwendomizil Friederikes

1797 reist Luise in die Kur nach Bad Pyrmont zu Friederike, die dort Skandale produzierte. Die Kratervasen mit Pyrmonter Motiven sind ein Geschenk an Luises Arzt, Dr. Hufeland.

raten. Danach wird der Prinz vom Garde du Corps zurückversetzt nach Ansbach. Friederike darf das preußische Wappen nicht mehr auf ihren Briefbögen tragen. Sie darf sich auch nicht mehr „Königliche Hoheit“ nennen, und sie muß auf jeglichen Hofstaat verzichten.

Schon am Tag nach der Hochzeit müssen beide Berlin verlassen – und zwar getrennt. Erst in Potsdam dürfen die Frischvermählten wieder zusammentreffen. Friederike ohne ihre beiden Kinder Friedrich Ludwig und Friederike. Sie sollen gemeinsam mit den Königskindern in Berlin erzogen werden.

Hätte Luise ein so hartes Urteil des Königs verhindern können? Wohl kaum. An dem Ereignis wird deutlich: Friedrich Wilhelm, der Bedächtige, der Zögerer, der Mann mit dem ihm offenbar angeborenen Mißmut, der eigentlich äußerst Empfindsame, er neigt zu Kurzschlußreaktionen.

Die Seelenlage der Schwester und Königin spiegelt sich in einem Brief Luises an ihren Bruder Georg. „Sie ist fort“, schreibt sie. „Sie wird nun nie mehr die Gefährtin meines Lebens sein.“ Auf ewig sei sie getrennt von ihr. „Dieser Gedanke, diese Gewißheit umhüllen dermaßen meine Sinne, daß ich auch gar nichts anderes denke und fühle.“ Es wäre ihr Tod, schreibt Luise am Schluß, wenn Friederike unglücklich werden könnte. Das Herzausschütten endet mit dem Satz: „O lieber Georg; ich kann nicht mehr.“

Prinzessin Friederike, Gemälde von J. F. A. Tischbein, 1797/98

Ein wundersamer Brief. Er mag deutlich machen, daß ihr eine gewisse Oberflächlichkeit eigen ist. Sie ist die Waffe der Feinfühlenden, um über Schmerzliches hinwegzugleiten, ohne daran Schaden zu nehmen. War doch die Schwester an der Seite des Prinzen Louis vom ersten bis zum letzten Tag für den Kronprinzen nur ein Gegenstand der Staatsraison. Ein unglückliches Geschöpf vom Tag ihrer ersten Begegnung mit dem Prinzen in Frankfurts Weißem Schwan bis zu dessen Todesstunde. Von diesem wahren Unglück ihrer Schwester hat Luise nur wenig wissen wollen.

Auch jetzt – wie so oft – machen Tanz und Tand das Schicksal Friederikes für Luise schnell vergessen. In einem ihrer Briefe findet sich über die Schwester nur noch dieser eine Satz: „Eine Anfang März 1799 geborene Tochter lebte wohl nicht lange."

Da wird für die Fastnacht in der Oper Unter den Linden eine Pantomime einstudiert. Luise hat die Hauptrolle übernommen. Es geht darin um die Vermählung der Königin Maria von England mit Spaniens Philipp II. Luise ist die Maria und ihr Vetter, der Herzog von Cambridge, der Friederike nur heiraten wollte, wenn sie ohne Kinder nach England kommt, er spielt an Luises Seite den König Philipp. Luises Tage vor dem großen Auftritt in der Oper sind angefüllt mit dem eigenhändigen Nähen der Kostüme aus der Tudorzeit. Selbst beim Bühnenbild redet Luise mit, diskutiert über die Musik mit dem königlichen Kammerkomponisten Friedrich Heinrich Himmel.

Als am Abend der Aufführung 50 Paare den Bühnenraum füllen, die Königin und der Herzog ein Menuett tanzen und danach gemeinsam mit dem Ensemble eine Quadrille und eine Contredanse im Dreivierteltakt, da hält es weder den König noch die königliche Hofgesellschaft auf den Stühlen. Man habe sich vor Entzücken die Hände wundgeklatscht, wird berichtet.

Nicht nur Luise feiert sich über den Familienskandal und die Trennung von der Schwester hinweg. (Wenn man sich auch schon im Juni des gleichen Jahres mit Billigung des Königs wieder in den Armen liegen darf.) Nein, nicht nur Luise feiert. Ganz Preußen hat sich aus dem Weltgeschehen abgemeldet. Die Gräfin Voß vermerkt dazu bitter in ihrem Tagebuch: „Man denkt an nichts als an die Redoute, während die Könige von Sardinien und Neapel auf der Flucht sind und Ehrenbreitstein genommen wird. Gott weiß, wie das alles gehen wird; gebe der Himmel, daß die Reihe nicht an uns kommt."

Doch noch hat Napoleon Bonaparte, um dessen Gnade das Land nur wenige Jahre später betteln muß, anderes zu tun. Der zum Ersten Konsul Frankreichs gewählte Artillerieoffizier aus Korsika ordnet die Finanzen seines Landes durch Gründung der Bank von Frankreich und begräbt die Revolution 1799. Er hat die Alpen überquert, die Österreicher innerhalb weniger Jahre gleich zweimal besiegt, ihnen im Friedensvertrag von Campoformio die Spanischen Niederlande genommen und die oberitalienischen Gebiete. Mailand und Genua hat er zu italienischen Republiken gemacht.

Während all dies geschieht, übt sich Preußens neues Königspaar auf ihrem Landsitz in Paretz im Topfschlagen und spielt „Blindekuh". Friedrich Wilhelm ist dabei, als preußischer König das zu leben, wovon er als Kronprinz träumte: Wie Friedrich der Große will er der erste Diener seines Staates sein – mehr noch: Sein erster Bürger. So läßt er sich in Paretz zum Dorfschulzen wählen. Seine Untertanen läßt er wissen, daß die Einkünfte des Landes nicht dem König, sondern dem Land gehören und ihm zugute kommen sollen. Und – als sei er seinem Jahrhundert ein ganzes Jahrhundert voraus – verspricht er dem „nützlicheren und arbeitsamen gemeineren Teil des Volkes" seine „Gnade und Aufmerksamkeit" und nicht nur „den Reichen und angesehenen Kreisen".

Ein König wird zur moralischen Instanz. Seinem Adjutanten Karl Leopold von Köckeritz befiehlt er, ihm mindestens dreimal in der Woche die Wahrheit zu sagen. Ehrungen seiner Person sind nur dann erlaubt, wenn damit keine Kosten verbunden sind. Mochte man seinem Vater die Lust an der Verschwendung vorwerfen, der Sohn lebt sparsam bis zur Knauserigkeit. Als ihn Köckeritz darauf aufmerksam macht, daß der König dringend einen neuen Uniformrock brauche, meint Friedrich Wilhelm, sein Rock werde noch lange gute Dienste leisten.

Das Königspaar bleibt im Kronprinzenpalais Unter den Linden wohnen. Nur wenige Monate im Jahr, ab dem 18. Mai, zieht man in das Schloß Charlottenburg um. Dort bewohnt die Königin die ehemaligen Räume Friedrichs II. im Obergeschoß des Neuen Flügels. Die Räume hatte ihr Schwiegervater einst für sich selbst mit neuem Glanz versehen. Der König wohnt darunter im Erdgeschoß. Es sind die Räume der Königin Elisabeth Christine, die sie allerdings nie bewohnt hat, da sie Friedrich der Große schon 1742 vor die Stadt nach Schönhausen „verbannt" hatte.

Der neue Flügel von Schloß Charlottenburg

Was Friedrich Wilhelm III. aber vor allem verspricht: dem Land „sein größtes Glück" zu bewahren, einen „fortdauernden Frieden." Keiner hat dieses Glück so ehrlich und bis an den Rand der

Selbstaufgabe zu bewahren versucht. Keiner hat es so schmerzhaft und so gedemütigt verloren geben müssen.

Und doch sieht es in den ersten Tagen nach Friedrich Wilhelms Thronbesteigung nicht gerade danach aus, als habe ein Gerechtigkeits-Apostel die Regierung übernommen. Zu einer seiner ersten Amtshandlungen gehört ein Racheakt. Schon am Abend vor dem Tod seines Vaters läßt er das Potsdamer Marmorpalais und sämtlichen Besitz der Gräfin Lichtenau, der langjährigen Geliebten Friedrich Wilhelms II., umstellen. Man will eine Flucht der Gräfin verhindern.

Wilhelmine aber, die am Sterbebett des Königs ausgeharrt, ihm die Schmerzen erleichtert hat, denkt nicht an Flucht. Sie sieht sich als die Lebensgefährtin eines rechtmäßigen preußischen Königs, dem sie Kinder geboren hat und dem sie jenes Haus führte, in dem sich der dicke Wilhelm am wohlsten fühlte. Sie, die in den letzten Sterbestunden des Königs selbst erkrankt, tritt auf wie eine Königinwitwe. Ihre Trauer ist tief, ihre Verzweiflung echt.

Was sie, ihren Sohn aus königlichem Geblüt und Halbbruder des neuen Königs sowie ihre Mutter nicht vor einer Verhaftung schützen. Man mag es kaum glauben. Der so rechtschaffene König wirft ihr ungeprüft Erpressung und Unterschlagung von Krondiamanten vor. Was sich schon bald als haltlos herausstellt.

Er läßt sie in Potsdam in einer kärglichen Dreizimmerwohnung unter Arrest stellen. Später schickt er sie auf die Festung Glogau. Dann aber bricht sich in ihm die milde Seele wieder Bahn. Sie kann sich auf der Festung frei bewegen und mit 4.000 Talern staatlicher Jahrespension auch einiges leisten.

Friedrich Wilhelm läßt es sogar zu, daß ihn die Gräfin auf Herausgabe ihrer beschlagnahmten Ländereien verklagt, und sie bekommt recht. Nach einem dreijährigen Prozeß im Rechtsstaat Preußen erhält sie all ihre Besitztümer zurück. Die Staatspapiere, die sie unterschlagen haben soll, erweisen sich als Liebesbriefe Friedrich Wilhelms II. aus 28 Jahren Liaison. Der König läßt sie sofort und ungelesen verbrennen.

Die Gräfin Lichtenau ist voll rehabilitiert. Die Festungszeit liegt hinter ihr. Sie läßt sich in Berlin nieder. Dort lebt sie – noch immer schön – ein zurückgezogenes, beschauliches Leben, das sie offenbar mit niemandem zu teilen bereit ist. 23 Heiratsanträge lehnt sie ab. Um die Entschädigung für erlittenes Ungemach voll zu machen, zwingt Napoleon Friedrich Wilhelm nach dem Sieg über Preußen, der Geliebten seines Vaters auch noch Zinsen für die Zeit ihrer beschlagnahmten Güter zu zahlen und obendrauf noch eine beachtliche Wiedergutmachungssumme. Sie stirbt – in Frieden mit Gott und der Welt – im Jahre 1820 im Alter von 66 Jahren.

Da Friedrich Wilhelm auch als Preußens neuer König menschenscheu bleibt, er deshalb neue Gesichter in seiner Umgebung möglichst vermeidet, entläßt er nur den Generaladjutanten Johann Rudolf Bischoffwerder aus den königlichen Diensten. Im Kabinett des Königs verbleiben die, die der Krone schon unter Friedrich Wilhelm II. gedient haben. Luise, die Königin, wird mehr und mehr zum Mittelpunkt seines Lebens. Er entwickelt zu ihr eine Abhängigkeit wie kein preußischer König vor ihm gegenüber seiner Ehefrau. Er ist unsagbar stolz auf ihre Schönheit. Das läßt er sich – trotz aller Sparsamkeit – viel kosten. Für Luise können die Toiletten nicht modern, nicht kostbar und nicht teuer genug sein. Er fördert die ihr offenbar angeborene Eitelkeit.

Kaum ist die Hoftrauer um den verstorbenen König vorüber, stürzt sich Luise in den Karneval. Die sündhaft teuren Kleider und Kostüme, von den besten Couturiers betont für ihre schlanke Gestalt entworfen, lassen sie bei ihren glanzvollen Auftritten noch schöner erscheinen. Sie ist die Königin, von der die jungen Mädchen träumen und denen ihre Mütter nachzueifern trachten. Eine Mode à la Luise entsteht: Weit ausgeschnittene Kleider, die unterhalb der betonten Büste in einen Faltenwurf übergehen. Er gibt bei jedem Schritt die Figur preis.

Als habe die gesamte Damenwelt Berlins der Ziegenpeter befallen, so tragen sie den um die Wangen gewundenen Seidenschal, wie es die Königin liebt. Die Hoffeste Luises stellen alles bisher Dagewesene in den Schatten. Und wenn Friedrich Wilhelm überhaupt Momente des Glücksgefühls hat, Stunden, in denen ihm der Mißmut und die schlechte Laune vergehen, dann sind es die Momente, wo er neben der Königin steht und feststellen muß, daß die Aufmerksamkeit der Hofgesellschaft nicht ihm, sondern Luise gehört.

Er scheint förmlich süchtig nach Bewunderung für die Königin. Nur: Diese Bewunderung muß sich in gebührender Distanz zur Königin halten. Niemand außer ihm darf ihr zu nahe sein, sich zwischen ihn und Luise drängen.

Ganz besonders genießt er die Bewunderung, die man der Königin entgegenbringt, auf der sechswöchigen Huldigungsreise im Frühjahr 1798. Diese Reise muß jeder preußische König machen, um sich – wie das Wort schon sagt – vom breiten Volk huldigen zu lassen. Mittelpunkt dieser Reise ist die Krönungszeremonie im Königsberger Schloß.

Luise ist im siebten Monat schwanger. Jedoch hart im Nehmen, wie diese junge Frau ist, nimmt sie die Strapazen der Reise auf sich. Und es sind Strapazen. Die Straßen Polens und Ostpreußens sind eher ungepflasterte Feldwege. Königliche Kutschen sind darauf die unmöglichsten Fortbewegungsmittel. Die Federung der Karossen, die auf normalen Straßen die Reisenden sanft hin und her wiegt, sie läßt sie auf den Holperwegen durcheinanderpurzeln. Man muß sich festhalten, um sich nicht zu verletzen. Dazu kommt: Durch alle Ritzen dringt der Staub und den gibt es reichlich. Die Hitze macht die Kutsche zu einer Brutkiste. Der Regen sucht sich ständig neue Wege in das Wageninnere. Radbrüche gehören zum Alltag solcher Reisen.

Als sich Luises Bruder Georg besorgt zu den Reiseabsichten der schwangeren Luise äußert, da schreibt sie ihm: „Ich reise also mit meinem Mann zu der Huldigung nach Ost- und wirklich Preußen, komme vorher durch Danzig und nachher begleite ich ihn nach Warschau und Breslau, eile mich, daß ich nach Berlin zurückkomme, und halte meine Wochen und bin Ende August fix und fertig."

Das Schlafzimmer Luises im Neuen Flügel des Charlottenburger Schlosses, 1810 von K. F. Schinkel eingerichtet

Sie wird mit dem König im Königsberger Schloß unter dem Thronhimmel stehen. Sie wird strahlen, wie stets bei solch hohen Anlässen. Er, der König, wird kaum eine Miene verziehen, während man vier Krönungsreden über sich ergehen lassen muß, eine in Latein, eine in Deutsch, dann noch eine polnische, der wiederum eine deutsche Rede folgt.

Die Reise wird zu einem Triumphzug, wie es ihn in der preußischen Geschichte noch nie gegeben hat. Ob in Königsberg, in Danzig oder im annektierten Warschau, überall schreiten der König und die Königin über Blumenteppiche. Überall wehen die Fahnen, ertönt Kanonendonner, gibt es Feuerwerk und Paraden, droht Luise in Rosensträußen zu versinken. Sie genießt es und vergißt die Strapazen.

Fast aber wäre die glückliche Reise unglücklich zu Ende gegangen. Auf einer der Landstraßen Polens stürzt der Wagen der Königin um. Luise selbst berichtet: „Allerdings ich bin gestürzt, und das tüchtig, denn das Wagenverdeck lag tiefer als die Räder; aber dabei habe ich doch Glück gehabt, denn die Sache ging so langsam vor sich, daß ich Zeit hatte zu denken: Wir werden fallen, wir fallen, wir sind gefallen. Die göttliche Vorsehung und die Sorgfalt, mit der man mich so umsichtig wie möglich aus der Karosse zog, bewirkten, daß ich bei meinem Zustand keine verderblichen Folgen verspürt habe; aber ich muß gestehen, ich habe viel Glück, und der liebe Gott beschützt mich sichtbar."

Am 13. Juli 1798 wird im Schloß Charlottenburg Luises viertes Kind geboren. Es ist das dritte überlebende – ein Mädchen, das man am 28. Juli, dem Geburtstag Friedrich Wilhelms III., auf den Namen Charlotte tauft. Als Alexandra Fjodorowna wird es einmal Zarin von Rußland. Ihr Urenkel wird jener Zar Nikolaus II. sein, der gemeinsam mit seiner Frau und seinen Kindern in einem Keller Sibiriens erschossen wird.

Am Abgrund

„Mehr als ein König
ist untergegangen,
weil er den Krieg liebte;
ich werde untergehen,
weil ich den Frieden liebe."

(Friedrich Wilhelm III.)

„Es hat mich so unglücklich
gemacht, daß ich hätte blutige
Tränen vergießen können."

(Georg, der Bruder Luises,
über die Ehe der Königin)

Sie waren einem Traum aufgesessen, der König und die Königin von Preußen. Wie Kinder hatten sie daran geglaubt, sich unter einem Thronhimmel ihr privates Glück bewahren zu können. Ebenso zerbrach eine andere Illusion, sich – bedrängt von allen großen europäischen Mächten – aus einem Krieg herauszuhalten, der das alte Europa und mit ihm das Heilige Römische Reich Deutscher Nation samt seiner Kaiserkrone unter sich begräbt.

Luise, 1802 von J. Grassi gemalt

Es ist der 13. Oktober 1806. Friedrich Wilhelm III. und Luise stehen einander gegenüber mitten im Aufmarschgewirr preußischer Truppen vor dem thüringischen Dorf

Herzog Karl Wilhelm Ferdinand von Braunschweig, der Oberkommandierende der preußischen Armee

Auerstedt. Der König drückt Luise die Hand. Zweimal, wie sie später schreibt, und ohne, daß ein Wort über seine Lippen gekommen sei. Schmerz und Enttäuschung, das Gefühl, gescheitert zu sein, die Vorahnung des sich rasch nahenden Unheils haben Friedrich Wilhelm stumm gemacht. Still gehen die beiden zu ihren Kutschen. Die seine wird ihn nach Auerstedt tragen, die ihre rast – als sei es schon die Flucht – nach Weimar. Minuten zuvor hatte sie der Herzog Karl Wilhelm Ferdinand von Braunschweig, der Oberkommandierende der Armee, in ihrer Kutsche auf der Straße nach Auerstedt entdeckt. Luise

Der verwundete Herzog von Braunschweig wird vom Schlachtfeld gebracht.

selbst hat später von dieser Begegnung so berichtet: „Als ich Auerstedt fast erreicht hatte, angesichts des Schlosses Eckartsberga, kam der Herzog von Braunschweig, der dem König mit den Kolonnen gefolgt war, mit sehr ernster Miene an meinen Wagen (der König ging äußerst niedergedrückt, mit traurigen, sorgenvollen Augen vorbei) und sagte mit sehr entschiedener Stimme: ,Was tun sie hier Madame? Um Gottes willen, was tun Sie hier?' Ich sagte ihm: ,Der König glaubt, daß ich nirgends sicherer bin als hier hinter der Armee.' ,Aber mein Gott!' sagte er, ,Sehen Eure Majestät das Schloß Eckartsberga vor sich? Dort sind die Franzosen. Sie können hier nicht bleiben, das ist völlig ausgeschlossen. Sie werden über den Harz, Blankenburg, Braunschweig und Magdeburg nach Berlin reisen.'"

Die Königin entgeht mit viel Glück einer Gefangennahme durch die Truppen Napoleons. Mit ihren Hofdamen, den Gräfinnen Voß und Tauentzien und Henriette von Viereck trifft sie spät nachts bei der Herzogin Luise von Sachsen-Weimar ein, ihrer Tante. Bevor sich Luise zur Ruhe begibt, schreibt sie an ihren Mann: „Gott stärke Dich und gebe Dir eine tüchtige gewonnene Schlacht. Ich darf Dich noch einmal bitten, nehme mehr Zutrauen zu Dir selber und führe das Ganze!"

Das wird Friedrich Wilhelm an diesem heraufziehenden 14. Oktober nun wohl tun müssen. Denn dem Herzog von Braunschweig werden von einem Kartätschensplitter beide Augen weggerissen. Er flüchtet sich noch nach Ottensen, auf dänisches Gebiet, wo er am 10. November stirbt.

In den Geschichtsbüchern werden später – nur in Nuancen abgewandelt – diese Sätze stehen: Am 14. Oktober 1806 wird die preußische Armee in einer Doppelschlacht bei Jena und bei Auerstedt vernichtend geschlagen. Napoleon siegt bei Jena, sein Marschall Davout, der gegen eine mehr als doppelte Übermacht antritt, schlägt die preußischen Truppen bei Auerstedt. Hermann von Boyen, ein Schüler Scharnhorsts und 1806 im preußischen Generalquartiermeisterstab, schreibt nach diesem Tag: „Bei Auerstedt war es auf preußischer Seite eine Kunst, die Schlacht zu verlieren." Preußens Armee hatte das Siegen verlernt.

Friedrich Wilhelm III., der nach der verlorenen Schlacht geflohen war, berichtet, wie es seine kühle Art ist, in einem Brief an Luise: „Die Zahl der Toten und Verwundeten ist sehr, sehr ansehnlich. Der Herzog so gut wie tot, Möllendorff (der 80jährige Feldmarschall) Kontusionen (starke Quetschungen) an beiden Beinen und vermißt. Schmettau (der Graf Friedrich Wilhelm Karl von Schmettau) unterm linken Auge durchgeschossen. Heinrich (der Bruder des Königs) ein Streifschuß, bis jetzt vermißt. Wilhelm (des Königs jüngster Bruder) das Pferd erschossen, hierbei einen Fall auf den Kopf getan. Rüchel (General Ernst Philipp von Rüchel) sehr schwer nahe dem Herzen blessiert. General Schimonsky tot. Major Schenk tot. General Quitzow den Fuß abgeschossen, andere sagen tot. Major Ebra und Krafft tot. Major Herwarth tot usw." Tapfer sei man denn doch im Ganzen gewesen. „Allein nicht glücklich".

Eine Schlacht war verloren. Damit aber eigentlich schon der Krieg. Ein Krieg, den ein kühler Denker wie Napoleon nicht für möglich gehalten hatte. Zu Talleyrand, seinem Außenminister, meinte der Kaiser der Franzosen: „Der Gedanke, Preußen könnte sich allein mit mir einlassen, erscheint so lächerlich, daß er gar nicht in Betracht genommen zu werden verdient."

„Mißtrauen auf der französischen Seite, Verärgerung auf der preußischen Seite, auf beiden Seiten gekränkte Eigenliebe, ein Krach und dann ein Kurzschluß." So schildert Sebastian Haffner in seinem Buch „Preußen ohne Legende" das Gebräu, das einen in seiner Friedensliebe bis zum Äußersten gedemütigten König in den Krieg gegen Frankreich bringt. Es ist ein Krieg, in dem Preußen eigentlich noch immer seine längst verlorene Neutralität zu verteidigen trachtet.

Der Name eines Gefallenen fehlt in dem Bericht des Königs. Obschon dieser Verlust für Preußen der wohl schmerzlichste war. Vielleicht fehlt er deshalb, weil der, der diesen Namen trägt, schon fünf Tage vor der Schlacht bei Auerstedt im Kampf Mann gegen Mann bei Saalfeld sein Leben ließ. Vielleicht aber auch nur deshalb, weil der König ihn dem Herzen der Königin besonders nahe wußte.

Er ist Preußens augenfälligste Verkörperung von Jugend, Schönheit und Genie: Prinz Louis Ferdinand. Von der Armee wird er vergöttert. Ein Säbelhieb des Wachtmeisters Guindey vom 10. französischen Husarenregiment in den Nacken des Prinzen und danach der wohl tödliche Stich, der ihm die Brust aufriß, setzte dem Leben des 34jährigen ein Ende.

Ein Mann war gefallen, der geliebt, verehrt und umjubelt wurde, wie niemand aus Preußens Königsfamilie zuvor. Auch nicht Luise. Auch nicht Friedrich II.

Tief muß der Stachel gesessen haben in Friedrich Wilhelm, unvergessen müssen sie gewesen sein, die Bälle, die Revuen, die vielen Walzer, mit denen sich die Kronprinzessin und Louis Ferdinand als „Traumpaar" in die Herzen tanzte. Unvergessen wohl das Geraune, es könnte eine Liebschaft sein, die sich da offenbarte. Danach die Romanze mit der jungen Witwe Friederike, der Schwester Luises, die am Alkohol und an der Spielsucht des schönen Preußenprinzen zerbrach.

Es ist all das, was ein einfacher Charakter, eine so redliche Natur wie Friedrich Wilhelm nicht zu verdrängen vermag. Das wird auch der Grund sein, weshalb der König es dem Prinzen nicht einmal erlaubt, sich von Luise zu verabschieden, bevor er in den Krieg zieht. In einen Krieg, von dem er glaubt, daß er für Preußen zu spät käme und deshalb nicht mehr zu gewinnen sei. So darf es nur ein Brief sein, der letzte seines Lebens, mit dem er sich von der Königin verabschiedet. „Ich scheide", heißt es darin, „mit dem festen Entschluß, mein Blut für den König und das Vaterland zu vergießen, doch ohne Hoffnung, es retten zu können."

Es sind französische Soldaten, welche die Leiche des Prinzen in den Hof des Schlosses der Herzogin Auguste von Sachsen-Coburg tragen. „Nackt, nur in ein großes Tuch gehüllt", berichtet die Herzogin, „lag der große königliche Mann da, den schönen Kopf entblößt, keine Wunde hatte das prächtige Gesicht entstellt, in dem Hinterkopfe hatte er einige gefährliche Hiebwunden und in der halbentblößten Brust gähnte die breite Wunde eines Stiches, der sein Leben geendet hatte." Wie von Räubern ermordet habe er auf dem Pflaster gelegen. Mit den Worten „Ich konnte vor Tränen kaum mehr sehen", endet die Schilderung der Herzogin.

Am Tag darauf wird Louis Ferdinand vor dem Altar der Saalfelder Johanniskirche aufgebahrt. Amalie von Uttenhoven hält in ihrem Tagebuch fest: „Mit unaussprechlichen Gefühlen trat ich an den offenen Sarg und bekränzte das schöne Haupt des Prinzen mit einer Lorbeerkrone,

Einzug Napoleons am 27. Oktober 1806 in Berlin nach dem Sieg bei Jena und Auerstedt

einer Krone, die er so wohl verdient hatte. Sein reizender Mund schien zu lächeln, er war durch den Tod nicht entstellt, der Adel der Züge war geblieben." Die junge Frau schneidet eine Locke ab vom Haupt des Prinzen.

Lassen wir den Krieg für eine Weile seinen Lauf nehmen. Er wird wieder um uns sein, wenn der Sieger aus der Doppelschlacht von Jena und Auerstedt am 27. Oktober – 13 Tage nach dem Sieg über Preußens Armee – durch das Brandenburger Tor in Berlin einzieht. Die Königin ist nach Schwedt an der Oder und später weiter mit dem König über Schneidemühl, Bromberg und Graudenz nach Königsberg geflohen. Das Land hat sich nahezu kampflos dem Kaiser der Franzosen unterworfen.

Fangen wir die vergangenen Sonnentage dieses ungewöhnlichen Königspaares ein, als der Frieden, für den Friedrich Wilhelm zu leben glaubt, ihnen ein paar Jahre privates Glück schenkt. Wie rührend läßt es sich nachlesen, was Luise ihrem Bruder Georg im Jahre 1803 bald nach der Geburt ihres sechsten Kindes, der Prinzessin Alexandrine Helene, über ihre Kinder berichtet: „Mein Töchterchen Helene ist so hübsch, so fett, so rund als ich es nur wünschen kann. Karl ist das schönste meiner Kinder. Charlotte ist sehr groß, sanft und gut und ihre Erziehung wird nicht schwer, Wilhelm ist ein sehr kluges komisches Kind, possierlich und witzig, Fritz über alle Maßen lebhaft, oft unbändig, aber sehr gescheit und ein gutes Herz. Er verspricht viel und Gott wird meine heißen Gebete nicht unerfüllt lassen."

Wie in der Königsfamilie, ob im Sommer in Charlottenburg, in Paretz oder im Palais Unter den Linden, ein Tag verläuft, davon soll nun die Rede sein. Paul Bailleu, dem ersten Biographen Luises, verdanken wir die Einzelheiten.

Zwischen acht und neun Uhr erwacht die Königin. Die Kammerfrau Charlotte Maria Schadow, die Schwester des Bildhauers, stellt ein niedriges Frühstückstischchen quer über das Bett. Luise trinkt einige Tassen Schokolade mit viel Sahne und verzehrt ein paar Zwiebäcke. Anschließend wird mit der Gräfin Voß der Küchenzettel besprochen. Während sie die Kleider für den Tag auswählt, dürfen die jüngsten Kinder ins Schlafzimmer der Mutter. Sie turnen auf dem Bett. Es wird viel gekuschelt und geküßt. Vor elf Uhr beginnt Luise sich selten aus dem Bett zu erheben. Bewegung am Morgen ist ihr Vergnügen nicht. Hatte sie gegen elf noch etwas Gerstenbrei gelöffelt, um zuzunehmen, streift sie sich dann ein weißes Morgenkleid über, setzt sich ein Morgenmützchen auf und ist so empfangsbereit für die älteren Kinder, den Arzt, den Englischlehrer oder für ihren Musiklehrer.

Um zwölf Uhr aber kommt Eile über sie. Dann erscheint der König. Er erwartet, daß sie angekleidet ist zu einer Spazierfahrt im Tiergarten oder zu einem Spaziergang in Charlottenburgs Schloßpark.

Um zwei Uhr wird gegessen. Dazu gehört der unpünktliche Auftritt der Königin ebenso wie das leichte Grollen des immer pünktlichen Königs. Danach findet man Luise meist im Nebenzimmer, wo sie auf der Chaiselongue schlummert, manchmal auch ein Buch liest. Es sind in der Regel Memoiren. Nicht selten ist am Nachmittag der Komponist Friedrich Heinrich Himmel bei ihr. Dann hört man sie zur Gitarre kleine Lieder in italienischer Sprache singen. Dazu findet sich oft auch Friedrich Wilhelm ein. Er liebt die schöne Stimme seiner Frau. Die nachmittägliche Teestunde und der Abend, sie plätschern so dahin mit Kartenspiel und Handarbeit, meist in größerer Gesellschaft.

Er mag enttäuschen, dieser Bericht. Vom Lesen heißt es, daß es Memoirenliteratur ist, mit der man sich die Zeit verkürzt. In der Tat: Bildungshungrig ist Luise nicht. Schon als sie noch die Prinzessin von Mecklenburg-Strelitz war, meinte ihre Hauslehrerin nicht ohne Stolz, daß es ihr wenigstens gelungen sei, sie nicht durch zu viel Bildung zu verbiegen.

Es ist die natürliche, wenig gebildete Luise, die der König liebt, der Bildung bei Frauen für überflüssig hält und den Hofdamen mit Niveau in der Umgebung der Königin nur spöttelnd begegnet. Das sind Marie von Kleist und Caroline von Berg, die in Berlin einen der zwölf Salons unterhält, Goethe persönlich kennt, Herder und Jacobi. Den beiden Frauen gelingt es dennoch, Luise ein wenig wissensdurstiger zu machen.

Am drastischsten – und wohl auch um einiges über die Wirklichkeit hinausgeschossen – hat Luises Bruder Georg das schleppende Bemühen seiner Schwester beschrieben um Auffrischung dessen, was ihre Hauslehrerin ihr einst zu vermitteln versucht hatte. Ihre Schulbildung sei so ent-

Die königliche Familie im Park von Schloß Charlottenburg 1805. Vorne links die Kinder Wilhelm und Charlotte, dahinter Kronprinz Friedrich Wilhelm, Alexandrine und Karl. Rechts sitzen die Eltern mit Schwägerin Marianne von Preußen, hinter ihnen stehen die Brüder des Königs, Heinrich und Wilhelm.

schwunden, daß sie heute kaum noch wisse, ob London in England oder in Deutschland liege.

Georg ist auch der aufmerksamste Beobachter ihrer Ehe, als er zu Beginn des Jahrhunderts zum Studium nach Berlin kommt. Er wohnt im Prinzessinnenpalais Unter den Linden, in dem zuvor Prinz Louis mit der unglücklichen Friederike gelebt hat. Das Palais grenzt an das Kronprinzenpalais, den Wohnsitz der königlichen Familie, und ist mit ihm durch einen Übergang verbunden.

Georg berichtet seinen Schwestern, die nicht gerade in glücklichen Ehen leben, wie Luise versucht, mit viel Einfühlungsvermögen ihrer Ehe die Harmonie zu erhalten. Der Preis, den Luise dafür zu zahlen habe, so der Erbprinz von Mecklenburg-Strelitz, sei an der Seite ihres launischen, egoistischen und eigensinnigen Mannes sehr hoch. Georg ärgert sich darüber, wie seine Schwester, „der Engel", wie er und die Geschwister Luise nennen, die Wünsche des Königs „nahezu willenlos" erfüllt.

Er bewundert die Geduld, mit der Luise die Launen des Königs erträgt, die oft in Depressionen enden. Es sei „die

hohe Kraft des Herzens und des Geistes", mit der sie es fertigbringe, alles „mit einem Lächeln" hinzunehmen. Wobei der Bruder es nicht unerwähnt läßt, daß der König Luise als Lohn „mit Liebe überhäuft".

Vor allem fördert Friedrich Wilhelm die Putzsucht Luises. Er freut sich, daß die klassizistischen, den Körper umspielenden leichten Kleider der Königin, die Accessoires, Frisuren und der ums Kinn gebundene Seidenschal im Lande Mode machen. All das mag ihren Kummer mit dem oft allzu spröden König lindern. Dennoch: In unbeobachteten Momenten habe er Luise weinen sehen, meldet der Bruder der Familie.

Man muß Georg in seiner Schilderung nicht folgen. Es spricht nichts, aber auch gar nichts dafür, daß Luise unglücklich ist. Ihr hat das Leben eines seiner größten Geschenke gemacht: Sie ist voll von Sinnenfreude, ist so prall angefüllt mit Leben; so reich bedacht mit Schönheit und Caprice, was ihr, wo immer sie auftaucht, Jubel und Beifall einträgt. Sie genießt ihn, ohne dabei Schaden zu nehmen an sich selbst. Kurz: Sie ist eine der glücklichsten Naturen. Eine Frau, die stolz sein kann, ohne arrogant zu erscheinen, demütig ohne zu leiden, tugendsam ohne jede Verstellung. Mit einem einzigen Satz hat Carolina von Herder treffend wie kaum jemand sonst dieses ungewöhnliche Geschöpf beschrieben: „Ein Wesen von der glücklichsten Natur, die Naivität und die Grazie selbst."

Unter den Linden: links das Zeughaus, rechts das Kronprinzenpalais. Die Radierung entstand zwischen 1801 und 1804.

Vieles, was sie tut, geschieht in der Tat mit einem Schuß Naivität. So schreibt sie, um auf ihre Geldnot hinzuweisen, dem König voll kindlichem Übermut einen Brief, den sie unter die täglichen Bittschriften der Bürger mischt. Er ist zu witzig, um ihn auszulassen, eine hinreißende Parodie auf sich selbst. Er beginnt mit

„Aller Durchlauchtigster,
Großmächtiger König und Herr!

Unter den vielen Bittschriften, die Ihre königliche Majestäten täglich bekommen, möge doch der Herr wollen, daß diese mit einem gnädigen Blick beleuchtet werde, damit meine alleruntertänigste, demütigste, wehmütigste Bitte nicht unbefriedigt bleibe. Hier beiliegende Strümpfe sollen als Probe meiner Geschicklichkeit in der Strickerkunst zum Beweise dienen und mir hoffentlich mein Gesuch zu erlangen helfen, es besteht nämlich darin: daß Ihro Majestäten die Gnade für mich hätten und mir zukünftig alle dero Strümpfe stricken ließen und mir dabei den Titel als wirkliche Hofstrickerin allergnädigst erteilen würden. Die hohe Gnade würde ich all mein Leben mit tiefster Untertänigkeit erkennen und mit dankbarem Herzen ersterben. Ew. Königl. Majestät als alleruntertänigste Magd und Untertanin

Luise.

Untertänigstes Postskriptum: Ist noch zu bemerken, daß jede Masche, so ich knütten werde, von Dankbarkeit durchdrungen werde."

Eines jedoch wurde Preußens Königin nicht in die Wiege gelegt: eine robuste Gesundheit. Ihre körperliche Anfälligkeit liegt im ständigen Konflikt mit der Unbändigkeit ihrer Lebensfreude, ihrer, wie man heute sagen würde, mentalen Vitalität. Man spricht von ihrer schlanken Figur. In Wahrheit ist sie mager. Sie versucht, wie wir wissen, mit Gerstenschleim „zu mehr Figur" zu kommen. Sie friert schnell, leidet bei Kälte.

Helena, Großfürstin von Rußland und Schwester des Zaren

Als sie Ende März 1799 zu den jährlichen Manövern mit dem König nach Potsdam geht, ist es für die Jahreszeit ungewöhnlich kalt. In einem Brief an die Gräfin Voß klagt Luise ihr Leid mit der Kälte: „Dank einem Berg glühender Kohlen und einem fürchterlichen Feuer ist es mir gelungen, mich zu erwärmen." Weiter berichtet sie: Gestern sei sie „fast der Kälte erlegen", die das Blut in ihren Adern beinahe hätte erstarren lassen. Es schneit in Potsdam. Die Stadt sei „entsetzlich traurig", „alles ist so kalt, alles ist so still".

Sie erkrankt nach diesem Brief. Die Voß eilt herbei. In ihrem Tagebuch hält sie diese Worte fest: „Die verwünschten Zimmer, in denen sie wohnt und die Kälte, die dort herrscht, müssen sie schließlich töten." Zum ersten Mal – das wird bei der lebenserfahrenen Oberhofmeisterin deutlich – meldet sich der Tod am Krankenbett der Königin. Sie speit Blut. Doch wird ihr das Leben noch elf Jahre gönnen.

Und so flammt sie wieder auf, die Sinnenfreude, die den schwachen Körper mitreißt. Bei den Revuebällen zum Abschluß der Potsdamer Manöver ist sie ganz wieder „der bezaubernde Engel", wie es in den Berichten heißt.

Bald wird sie dieser „bezaubernde Engel" in ganz Deutschland sein. Es ist Sommer im Jahr 1799. Der König hat Luise eine Reise in ihre Kindheit und Jugendzeit geschenkt. Was eigentlich ein Familientreffen sein sollte – man wird Großmutter George, Vater Karl, die Schwestern Charlotte, Therese, Friederike und Bruder Georg in Hildburghausen treffen –, wird für Luise zu einer Art zweiter „Huldigungsreise". Fast überall der gleiche Jubel, die gleiche Bewunderung und Begeisterung, die auch in des Wortes einfachster Bedeutung grenzenlos scheint.

So bei den Göttinger Studenten. Nahezu geschlossen – die meisten zu Fuß – wandern sie nach Kassel, so daß die Universität an diesem Tag zubleiben muß, um Luise wie eine deutsche Kaiserin zu feiern. In Frankfurt läßt Luise Goethes Mutter in das Palais der Thurn und Taxis bitten, um mit ihr über „alte Zeiten" zu plaudern. Zeiten, die so alt noch nicht sind für eine gerade 23jährige. Weitere Stationen der Reise sind Bayreuth und Hanau.

Dann geschieht Schicksalhaftes. Wieder einmal verdichtet sich das große Weltgeschehen in einer einzigen Stunde der Nacht vom 23. zum 24. März 1801. Im Petersburger Michajlowskij-Palast wird Paul I., Kaiser von Rußland, der Sohn der großen Zarin Katharina, brutal ermordet. Man findet ihn vor dem Kamin seines Schlafzimmers.

Da Geschichte keine Fragen stellt, nur das Gesetz von Ursache und Wirkung kennt, wird in dieser Nacht, mit dieser Mordtat, einst Preußen gerettet werden, das an diesem aufdämmernden 24. März noch mitten im Frieden lebt. Der, der einmal Preußen retten wird, ist Alexander, der Sohn des Ermordeten. Er sträubt sich an diesem Tag noch, sich die blutbefleckte Zarenkrone aufs Haupt setzen zu lassen. Dieser Alexander wird in der Geschichte Preußens ebenso wie im Leben Luises und Friedrich Wilhelms III. eine der Schicksals-Gestalten werden.

Beginnen wird es als eine Romanze. In deren Mittelpunkt steht eine junge Frau. Sie trägt den Namen Helena zu recht. Es ist die 16jährige Helena Pawlowna, älteste Tochter des Zaren Paul I., verheiratet mit dem 20jährigen Erb-

Königin Luise und Zar Alexander I. bei ihrem ersten Zusammentreffen in Memel im Jahr 1802

prinzen von Mecklenburg-Schwerin. Das junge Paar besucht Friedrich Wilhelm und Luise Ende Januar des Jahres 1801 in Berlin. Sie muß in der Tat von verwirrender Schönheit gewesen sein, jene Zarentochter, von strahlendem Blond, blauäugig, schlank und von einer unnachahmlichen Grazie zugleich.

Der, den die Schönheit der großfürstlichen, mädchenhaften Frau in Verwirrung bringt, ist Friedrich Wilhelm, dem man derlei Gefühlsbewegung kaum zugetraut hätte. Er ist hingerissen. Das Auf-Wolken-Schweben eines Königs, der sonst eher auf festem Grund zu wandeln pflegt, dauert über die ganze Karnevalszeit an. Sie läßt sich von ihm und mit ihm von allen Galanen am Preußenhof im Kostüm einer Fee auf glanzvollen Festen und Maskenbällen feiern. Der „verzauberte König" schenkt ihr zum Abschied – wie doch die Liebe den Einfallsreichtum steigert – die Gruppe „Amor und Psyche".

Schon im Herbst ist „la belle Helene", die offenbar Gefallen findet am zärtlichen Zueinandertasten zwischen König und Zarenkind, wieder in Berlin. Er läßt in Paretz das Erntedankfest verschieben, nur damit die „Anbetungswürdige" dabeisein kann. Danach gehen viele zärtliche Briefe zwischen Berlin und Petersburg hin und her. Bis die so Bezaubernde mit 19 Jahren an jener Krankheit stirbt, die junge Frauen auf geheimnisvolle Weise schön macht, um sie dann in voller Blüte zu töten: an der Schwindsucht.

Eine Romanze des Einander-Anhimmelns ist zu Ende. Zu mehr war Friedrich Wilhelm wohl nicht bereit.

Zu mehr wird auch Luise nicht bereit sein, wenn sie im Juni 1802 in Memel Zar Alexander gegenübersteht, man aneinander Gefallen findet. Im Überschwang der Gefühle, zumindest bei Luise, werden sie füreinander Worte finden, die auf mehr hinzudeuten scheinen als auf ein oberflächliches Ineinander-Verliebtsein. Doch wie Friedrich Wilhelm, so fehlt es auch Luise an jenem Etwas, das für Treuebrüche unentbehrlich ist, das alle Schranken und Vernunftswälle zu überwinden vermag: das Feuer der Leidenschaft.

Die bitteren Stunden

„Es gibt kein grausameres Los
als Unseres."

(Luise an Friedrich Wilhelm
in den Tagen der Verhandlungen
mit Napoleon in Tilsit)

„Die Dinge stehen nicht gut,
alle unsere Hoffnungen ruhen
auf Ihnen. Nehmen Sie es
auf sich und retten Sie den Staat!"

(Alexander I. zu Luise
vor ihrer Begegnung mit Napoleon)

Luise im Reitkleid. Während des Besuchs des Zaren Alexander in Memel gab es viele gemeinsame Ausritte.

Lange muß man suchen, bis sie ausgemacht ist: Preußens bitterste Stunde. Zugleich die Stunde der tiefsten Demütigung, die je ein preußischer König hat durchstehen müssen. Es ist eine Stunde am Morgen des 25. Juni 1807. Friedrich Wilhelm III. steht am Ufer der Memel. Er ist allein. Seine Generale, die Minister und Berater, haben sich weit abseits gestellt. Sie werden das Bild nie vergessen. Da sehen sie ihren König, den Großneffen Friedrichs II., reglos, als wäre er aus Stein, vor einem Himmel, der aussieht, als wolle er Trauer tragen und der einen Vorhang aus dichtem Regen über den Fluß und das Land gezogen hat. Man hat Friedrich Wilhelm, um ihn vor dem strömenden Regen zu schützen, einen russischen Militärmantel über die Schultern gelegt.

Vor dem König – auf der Mitte des Flusses – wiegt sich ein riesiges Floß auf den Wellen. Auf dem Floß steht ein Haus aus Holz. Es ist mit Leinwand verkleidet. In diesem Haus, auf der Grenze zwischen Rußland und Preußen, sprechen zwei Kaiser miteinander über das Schicksal seines Landes. Es sind Napoleon I., der Kaiser der Franzosen und Alexander I., Zar und Herrscher aller Reußen.

Der preußische König, so hatte es Napoleon gewollt, ist von der Verhandlung ausgeschlossen. Er hatte am Ufer der Memel zu warten, hatte zusehen müssen, wie Boote unter

Preußens bitterste Stunde: Am 25. Juni 1807 umarmen sich Napoleon, der Kaiser der Franzosen, und der russische Zar Alexander auf der Memel. Friedrich Wilhelm III. bleibt am Ufer von dem Gespräch ausgeschlossen.

Napoleon I. im Krönungsornat, Gemälde von François Gérard, nach 1806

den Böllerschüssen französischer Kanonen Napoleon vom gegenüberliegenden Ufer zum Floß brachten. Er stand daneben, als der Zar, Preußens einziger Freund zu dieser Stunde, am diesseitigen Ufer das Boot bestieg. Und zwar Minuten, nachdem Napoleon auf dem Floß angekommen war, um als Gastgeber Alexander willkommen zu heißen.

Auf neutralem Boden habe er den Zaren empfangen wollen und deshalb die Flußmitte gewählt. So hatte es der siegreiche Kaiser seinen Protokollbeamten eingeschärft.

Was mag in Friedrich Wilhelm vorgehen, in diesem Mann, der zu früh, zur falschen Zeit, auf Preußens Königsthron saß? Ein Liberaler, ein Pazifist und Moralist, der lieber auf seinem Landsitz in Paretz Dorfschulze ist als König in Berlin?

Es ist die Stunde am Ufer der Memel, in der sich nun etwas voll auszuleben vermag, was diesem 36jährigen König von seinen frühesten Kindheitstagen an zur zweiten Natur wurde: Disziplin bis zur Selbstverleugnung. Die ganze Lieblosigkeit seiner frühen Jahre, die sich zur Gefühlskälte hingelebte Mutter, die ihn anwidernde Amoralität des Vaters, sein eigenes Hineingestelltsein in ein Niemandsland der Gefühle, das ihn zum Stoiker machte und ihn in die Kameraderie des Militärdienstes flüchten ließ, die Demütigungen, die er zu ertragen lernte, jetzt, an diesem Morgen, an diesem 25. Juni, an der äußersten Grenze seines Königreiches, hilft ihm all das, die Erniedrigung durchzustehen wie ein Mann. Er mag in der Bilanz der Weltgeschichte kein großer König gewesen sein. An diesem Tag, elf Tage nach der gemeinsam mit Alexander verlorenen Schlacht bei Friedland gegen die Armee Napoleons, ist er ein großer König.

Am nächsten Morgen darf auch Friedrich Wilhelm an den Gesprächen auf dem Floß teilnehmen – „mehr zugelassen als eingeladen“, wenn man den Quellen Glauben schenken darf. Dabei gelingt es Alexander mit dem Geschick eines Komödianten, sich als Freund Napoleons darzustellen. Schon bei der ersten Begegnung am Vortag verblüfft er den Kaiser, als er – eben dem Boot entstiegen – mit ausgebreiteten Armen auf Napoleon zugeht und ihn an die Brust drückt.

Dagegen Friedrich Wilhelm, der so Redliche, der nichts anderes sein kann als er selbst: Er zeigt unverhohlen – zum großen Verdruß Alexanders – dem Impereur seine Feindschaft. Derart herausgefordert, gerät der Sieger nun seinerseits in Zorn. Tobend, im niedrigen Zimmer des Floß-Hauses auf- und niederstampfend, macht er seinem Unmut über Preußens Politik Luft, die er als halsbrecherisch empfindet.

Luise in Memel, der allerletzten Zuflucht vor Napoleons Truppen am nordöstlichen Zipfel des Königreiches, beginnt ihren Mann wegen seiner Haltung gegenüber dem „Teufel, der sich aus dem Kot heraufgeschwungen hat", zu bewundern. Gleichzeitig fängt sie an, die Aufrichtigkeit Alexanders anzuzweifeln. Sie kann oder will es sich nicht vorstellen – weil es Träume zu zerstören vermag –, daß der Zar, der sieben Tage nach der Schlacht von Friedland einen Vertrag mit Napoleon unterschrieben hatte, welcher alle russischen Zusagen an Preußen annullierte, ein Doppelspiel betreibt. Noch einen Monat vor der preußisch-russischen Niederlage hatte sie einen Brief an Alexander geschrieben, der nicht nur zeigt, wie tief die Liebe zu ihm in ihr wurzelt, sondern auch die Aussichtslosigkeit ihrer vollkommenen Erfüllung. Es liest sich wie eine Bilanz dieser Liebe, die fünf Jahre zuvor in Memel begonnen hatte: „Sie haben mir glückliche Augenblicke verschafft. In Ihnen verwirklicht sich eine Vollkommenheit", schwärmt sie, „die man als schönes Wunschbild immer sehr geliebt hat." Man habe „die Seele damit erfüllt, aber niemals geglaubt, es je verwirklicht zu sehen. Man muß Sie kennen, um an Vollkommenheit zu glauben". Dann folgt der Satz, der die ganze Tragik dieser Liebe ohne Leben widerspiegelt: „Es ist schwer für mich, vernünftig zu bleiben."

Wie überwältigend der Eindruck Alexanders auf Luise gewesen sein mag, zeigt auch ein anderer Brief der Königin unmittelbar nach ihrer ersten Begegnung im Jahre 1802 an ihren Bruder Georg, der sich in Rom gerade mit Napoleons Schwester, der Fürstin Pauline Borghese, die Nächte teilt: „Ich habe zwar die Alpen nicht gesehen, dafür aber einen Menschen, im ganzen Sinne des Wortes, dessen Bekanntschaft mehr ist als alle Alpen der Welt."

„Engelsgüte" präge seine Erscheinung, vertraut Luise ihrem Tagebuch an. Der jungen Frau, die eine Schwäche hat für gutaussehende Männer, aber zuviel Disziplin, um ihr nachzugeben, fällt an Alexander auf, daß „seine Schönheit nicht ebenmäßig ist". Sein Mund jedoch sei schön und er sei „wunderbar gut gebaut und von sehr stattlicher Erscheinung". Dann gerät das Kind aus Darmstadt vollends in Verzückung: „Er sieht aus wie ein junger Herkules."

Eine Liebesgeschichte, die sich nicht ausleben darf, nimmt von nun an ihren Anfang. Sie führt die Feder der Königin. So über einen kleinen Ball am Abend des 13. Juni 1802: „Die Musik war schlecht, die Gesellschaft nicht elegant, dennoch vergnügten wir uns wunderbar ... und tanzten Polonaise ohne Ende und Aufhören." Jeden Morgen während seines Besuchs in Memel kommt Alexander, der Mann mit der Engelsgüte, zu Luise zum Frühstück, das sie ja im Gegensatz zu ihrem Mann meist sehr spät einnimmt.

Die Königin habe in diesen Memeler Tagen sehr schön ausgesehen, berichtet die Gräfin Voß, Luises Oberhofmeisterin. Wir haben auch die Schilderung ihres Aussehens durch eine Frau, die sich schon von Berufs wegen auf Frauenschönheit verstand: Die französische Malerin Elisabeth Louise Vigée-Lebrun. Sie war die Freundin der unglücklichen Königin Marie-Antoinette, die sie viele Male porträtierte. Bei ihr mußten sich selbst Königinnen lange anmelden, bevor sie ihr Modell sitzen durften.

Die Künstlerin, von der sich Luise etwa um die Zeit der Romanze mit dem Zaren malen ließ, spricht vom „Zauber ihres Gesichtes", von den „so zarten und regelmäßigen Zügen", auch von der „Schönheit ihrer Gestalt" und der „blendenden Frische ihrer Hautfarbe". Folgen wir der Beschreibung weiter, die einer Hymne gleicht: „... mit einem Wort, alles an ihr übertrifft noch das Zauberhafteste, was man sich denken kann ... Eine Krone von schwarzen Jetperlen auf dem Haupt hob die blendende Weiße ihrer Haut noch hervor." Man müsse die Königin von Preußen gesehen haben, „um zu begreifen, daß ich bei ihrem Anblick wie bezaubert dastand".

So oder ähnlich muß es denn wohl Alexander ergangen sein, den man schon als 16jährigen mit der Prinzessin Luise Marie von Baden verheiratet hatte und die er wie eine Fremde behandelt. Die Bezauberung steigert sich bei Alexander bis zum Hingerissensein, wenn Luise ihm französische Romanzen vorsingt. So ist es denn nahezu folgerichtig, daß sich Alexanders Augen mit Tränen füllen, als er am Abschiedsmorgen, dem 17. Juni 1802, seinen Reisewagen besteigt, Luise am Fenster steht und als er, wie sie berichtet, „mit einem letzten Neigen des Kopfes aus seinem Wagen“ davonfährt. „Es war schrecklich“, klagt sie in einem Brief an Alexander schon am Tag der Abreise. Frei gesteht sie: „Unaufhörlich hege ich für Sie Tausende von Wünschen.“ Und Alexander, eigentlich alles andere als ein Frauenheld, findet in seinen Briefen Worte, die es dem Außenstehenden schwer machen, an eine nicht ausgelebte Liebe zu glauben. So wird es vier Jahre später Napoleon ergehen, der sich nach seinem Einzug in Berlin im Schloß Charlottenburg in den Schlafgemächern der Königin einquartiert und die Briefe des Zaren findet. Er nimmt sie als Beweis der Untreue Luises und läßt sie veröffentlichen. Was einen Sturm der Entrüstung auslöst in Berlin und die Verehrung Luises nicht nur in Preußen, sondern in ganz Deutschland nur noch größer werden läßt.

Man kann sicher sein: Diese Königin setzt ihr Familienglück nicht aufs Spiel. Man darf glauben, was sie niederschrieb. Daß nämlich ihr Kopf nicht mit ihrem Herzen davonläuft. Und wenn Friedrich Wilhelm nach Luises Tod in seinen Erinnerungen von „einer Person“ spricht und Alexander meint, der auf Luise „einen mehr als gewöhnlichen Eindruck machte“, so hat er wohl recht, daß „auch dieses Gefühl rein und edel“ gewesen sei. Nie sei dieses Gefühl auch nur auf die „entfernteste Weise ihren Pflichten in den Weg getreten“.

Doch wird Luise die Juni-Tage des Jahres 1802, die Tage mit Alexander, auch noch auf eine verblüffende Weise an ihre Erinnerung binden: Im Februar 1803 bringt sie ihr siebtes Kind zur Welt. Friedrich Wilhelm schreibt an den

Die französische Malerin Elisabeth Louise Vigée-Lebrun porträtierte Königin Luise 1802

gemeinsamen Freund Alexander auf Bitten Luises, er möge doch Pate dieses Kindes werden. Es ist ein Mädchen. Es wird den Namen Alexandrine tragen. Gänzlich entgegen aller Traditionen am Preußenhof.

Nach dem Jahre 1802 – wohl gestärkt durch den sie überwältigenden Eindruck von Entschlossenheit, von Willenskraft und geistiger Beweglichkeit, den Alexander bei ihr hinterlassen hat – beginnt Luise in Berlin ganz behutsam politische Fäden zu ziehen. Es scheint offenbar ihr Ziel zu sein, ihrem für Politik und Diplomatie wenig begabten Mann, dessen liebste Zeit, wie man sagt, die „Bedenkzeit" sei, kluge Berater zur Seite zu stellen. Es sind Männer, von denen sie glaubt, daß sie es vermögen, die Schwächen des wenig entschlußfreudigen Königs, der gleichzeitig seinen Starrsinn kultiviert, auszugleichen.

Es sind zwei Männer, die wohl gegensätzlicher nicht sein können. Doch Luise ist sich sicher – und es wird sich zeigen, wie recht sie damit hat –, sie können für Preußens Zukunft entscheidend sein: Der eine, der aus einem alten nassauischen Raubrittergeschlecht stammende Heinrich Friedrich Karl Reichsfreiherr vom und zum Stein ist beinhart, knorrig, streitsüchtig und voll Eigensinn. Der andere, Karl August Freiherr von Hardenberg aus dem Hannoverschen, sieben Jahre älter als der Reichsfreiherr, ist eine der elegantesten Erscheinungen seiner Zeit. An Eitelkeit läßt er sich von niemandem übertreffen. Er kleidet sich übertrieben jugendlich und sieht hinreißend aus. Was ihm die Frauenherzen zufliegen läßt. Nicht nur die der Damen von Adel. Was er gemeinsam mit seinem Freund Wilhelm von Humboldt, dem Gründer der Berliner Universität, reichlich zu nutzen versteht. Hardenbergs Amouren sind zahlreich. Dagegen ist Stein – wie der Graf von Gneisenau meint – „der Liebe nicht hold". Er verdamme „ihre süßen Gefühle". So ist es denn kein Wunder, daß Stein erst heiratet, als er ohne Ehefrau und Kinder laut Familienvertrag seines Riesenbesitzes von 24 Gütern links und rechts des Rheins verlustig zu gehen droht. Anglophil wie der Reichsritter ist, heiratet er die zwar hübsche, aber wenig aus sich machende Gräfin Wilhelmine von Wallmoden. Die ist

Friedrich Karl Reichsfreiherr vom und zum Stein

Karl August Freiherr von Hardenberg

immerhin eine, wenn auch illegitime Enkelin König Georgs II. von England und seiner Mätresse, der Gräfin Amalie Sophie von Yarmouth.

Luise steckt sich hinter Zar Alexander, um Friedrich Wilhelm zu bewegen, den seiner Natur so ganz und gar zuwiderlaufenden Reichsfreiherrn zu berufen. Einen Mann, dem der Ruf vorauseilt, „jedem die Wahrheit zu sagen". Auch Stein selbst zögert lange, eine Berufung als eine Art preußischer Finanz- und Wirtschaftsminister anzunehmen. Den echten Titel, den man Stein zugedacht hat, sollte man genießen: „Wirklicher, Geheimer Staats-, Kriegs- und dirigierender Minister des Accise- und Zoll- auch Fabriken- und Kommerzialdepartements."

Am 28. Oktober 1804 ist Stein der Inhaber dieses Amtes. Er bestimmt von nun nicht nur Preußens Finanz- und Wirtschaftspolitik. Mit ihm beginnt eine Politik der Revolution von oben. Ihr Kernstück ist eine Verwaltungsreform, die an der Staatsspitze Friedrich Wilhelms königliche Kabinetts-Regierung durch eine moderne Ministerial-Regierung ersetzen soll.

Um es kurz zu machen: Nach der Niederlage von Jena und Auerstedt, als Stein sich weigerte, Außenminister zu werden, entläßt ihn Friedrich Wilhelm. Um ihn schon ein wenig später, im Juli 1807, auf Drängen Napoleons wieder als Staatsminister zu berufen. Jetzt kann Stein seine Reformen, vor allem die Aufhebung der bäuerlichen Erbuntertänigkeit, für ganz Preußen durchsetzen. Er führt für die Städte und Landgemeinden, für die Kreistage und Provinziallandtage die Selbstverwaltung ein. Dann aber – eine Dummheit macht auch der Gescheiteste – begeht er einen fast unverzeihlichen Fehler. Frankreichs Besatzungsbehörden fangen einen unverschlüsselten Brief des Ministers ab, in dem von nichts Geringerem die Rede ist als davon, westlich der Elbe Aufstände gegen die Franzosen zu organisieren.

Das macht Stein auch für Friedrich Wilhelm untragbar. Er entläßt ihn am 24. November 1808. Doch 1812 tritt er – von Napoleon in Acht und Bann getan – in die Dienste

Alexanders. 1813 ruft er gemeinsam mit General York die ostpreußischen Stände zur Erhebung gegen Napoleon auf. Ein preußischer Patriot, der nicht einmal ein Preuße war.

Hardenbergs Wirken für Preußen ist ein ähnliches Wechselspiel. Er leitet gemeinsam mit dem Grafen von Haugwitz zwischen 1804 und 1806 Berlins Außenpolitik. Dabei versucht er, sich Preußens Neutralität von Napoleon durch Gebietszuwachs honorieren zu lassen. Auf Wunsch Napoleons muß er 1806 gehen, wird im April 1807 erneut Minister. Doch nach dem Friedensschluß von Tilsit muß er seinen Platz abermals räumen. Diesmal nicht auf Wunsch, sondern auf Befehl Napoleons. Im Juni 1810 wird er preußischer Staatskanzler und entwickelt sich in diesem Amt zu einem Staatsmann von europäischem Rang. Er ist es, der das Preußen des aufgeklärten Absolutismus zum Liberalismus führt und Steins Reformen verwirklicht. 1814 erhebt ihn Friedrich Wilhelm in den Fürstenstand. Damit beherzigt der König, was ihm Luise in ihrer letzten Lebensstunde – nach Atem ringend – wie ein Vermächtnis mit auf den Weg gegeben hatte: Als Friedrich Wilhelm der Sterbenden sagt, sie sei doch sein einziger Freund auf der Welt, zu dem er Zutrauen habe, fällt sie ihm ein letztes Mal ins Wort: „und Hardenberg", ergänzt sie mit leiser Stimme.

Wir sind weit vorausgeeilt. Wir müssen nun schnell zurück in die Jahre vor Preußens Schicksalstag von Jena und Auerstedt. Luise versucht in dieser Zeit, vor allem Anfang des Jahres 1805, den König zu bewegen, seine Neutralitätspolitik aufzugeben und sich gemeinsam mit Österreich und Rußland gegen Frankreich zu verbünden. Doch Friedrich Wilhelm bleibt hart. Er gestattet dem Zaren nicht einmal, im Falle eines Krieges mit Frankreich durch preußisches Gebiet zu marschieren. Eher wolle er „untergehen als sich von Rußland Gesetze vorschreiben zu lassen". Die Königin sieht ihr Ziel eines Bündnisses mit Alexander an der Hartnäckigkeit ihres Mannes zerbrechen.

So steht das zweite Wiedersehen mit dem geliebten Kaiser aus Petersburg am 25. Oktober 1805 in Berlin unter

Die Garnisonkirche in Potsdam, fotografiert 1934

einem schlechten Stern. Da hilft es auch wenig, daß Alexander eine rührende Szene inszeniert. Am Abend des 4. November, als man zum Abschiedsessen im Charlottenburger Schloß zusammensitzt, bittet Alexander plötzlich darum, den Sarg Friedrichs des Großen in Potsdams Garnisonkirche sehen zu dürfen. So steigen die drei um Mitternacht, spärlich von Fackeln beleuchtet, hinunter in die Gruft mit dem Sarg. Schweigend stehen sie davor und verlassen nach einer Weile den unwirtlichen Ort.

Doch auch das hat Friedrich Wilhelm nicht dazu bringen können, dem Zaren mehr zuzugestehen als einen Vertrag mit Rußland und Österreich für den Fall, daß Napoleon die preußischen Grenzen und damit Preußens Neutralität verletzen sollte. Als knapp einen Monat danach Alexanders Heer von Napoleon in der Drei-Kaiser-Schlacht von Austerlitz vernichtend geschlagen wird, da kann Friedrich Wilhelm – bei allem Bedauern für Alexander – gegenüber Luise einen leisen Triumph nicht verbergen.

Hatte er doch, wie die Hofdame Charlotte Gräfin Moltke zu wissen glaubt, der auf ein Bündnis gegen Napoleon drängenden Luise kurzerhand einen Strickstrumpf in die Hand gedrückt mit der Bemerkung, daß dies ihr Geschäft sei und sie sich um das andere Geschäft nicht zu kümmern habe.

Das Wiedersehen mit Alexander in Berlin wird für Luise zu einer tiefen Enttäuschung. Der Zar hat nur noch Sinn für Gespräche mit dem König. Luise gegenüber ist er nach wie vor äußerst galant und aufmerksam. Jedoch die Seelenfreundschaft, die ihr drei Jahre zuvor in Memel so viele glückliche Stunden schenkte, die auch aus all seinen Briefen spricht, will sich nicht wieder einstellen. Luise glaubt, das Verhalten Alexanders damit erklären zu können, daß er – wie man ihr andeutet – die polnische Fürstin Maria Antonia Naryschkina als Geliebte gefunden hat. Ihre Enttäuschung quält sie dermaßen, daß sie während eines Balles im Schloß Bellevue plötzlich vor aller Augen einen Weinkrampf bekommt.

Die Wahrheit über die Veränderung des Zaren, der jedes Alleinsein mit der Königin vermeidet, mag wohl darin zu suchen sein, daß Alexander den Eindruck hat, Friedrich Wilhelms Freundschaft zu riskieren, wenn er weiter Luises Spiel mit dem Feuer mitspielt. Das aber ist ihm das Spiel wohl nicht wert.

Wir kehren an den Anfang des Kapitels zurück. Zurück an die Memel, wo sich inzwischen die Szene ein wenig geändert hat. Die Friedensverhandlungen mit Rußland und Preußen werden vom Floß auf der Memel in ein festes Haus in Tilsit verlegt. Die ganze Stadt wird zur neutralen Zone erklärt.

Mit jedem Verhandlungstag wird deutlicher, daß Napoleon an Preußen, von dem er sich hintergangen fühlt, Rache nehmen will. So beginnt sich abzuzeichnen, daß Preußen alle Provinzen westlich der Elbe verlieren wird. Auch alle preußischen Gebiete in Polen sollen abgetreten werden. Die Stadt Bialystok und ihre Umgebung soll der Zar erhalten. Die übrigen Gebiete werden zu einem Herzogtum Warschau zusammengefaßt und dem Königreich Sachsen zugeschlagen. Man spricht von 150 Millionen Francs Kriegsschulden, die Preußen zu zahlen hat. Ein Preußen, das nur noch aus den Provinzen Preußen, Pommern, Schlesien und Brandenburg besteht, dessen Festungen Stettin, Küstrin und Glogau von Frankreichs Truppen solange besetzt bleiben sollen, bis das Land seine Kriegsschuld beglichen hat. Wird dieser Plan zum Vertrag, verliert Preußen die Hälfte seines Staatsgebietes.

So sind es wohl in dieser Lage Hardenberg und der Feldmarschall von Kalckreuth, die dem König den Gedanken nahebringen, er möge Luise in Memel bitten, nach Tilsit zu reisen, um Napoleon gnädiger zu stimmen.

Die Königin mag den Wunsch ihres Mannes zunächst kaum fassen. Zumal es nicht einmal eine richtige Einladung Napoleons an Luise gibt. Doch in ihr siegt das Pflichtbewußtsein. Wenn man meine, sie könne Gutes stiften, wolle sie dies tun. So schreibt sie an Friedrich Wilhelm: „Ich komme, ich fliege nach Tilsit, wenn Du es wünschst!"

Dabei geht es ihr miserabel. Sie ist im zweiten Monat ihrer achten Schwangerschaft. Sie klagt: „Ich habe heftige Kopfschmerzen. Das Blut steigt mir zu Kopf und ich befürchte eine Blutung." Dennoch wird sie die zehnstündige Reise auf sich nehmen, um für ihr Land vor dem mächtigsten Mann Europas um nicht mehr als um Gnade zu bitten.

Das Königspaar mit Zar Alexander am Grab Friedrichs des Großen

Die letzte Reise

„Bester Päp! Ich bin ganz tull
und varucky. Eben diesen
Augenblick hat der gute, liebevolle
König die Erlaubnis gegeben,
zu Ihnen zu kommen, bester Vater..."

(Luise an ihren Vater, den Herzog
Karl von Mecklenburg-Strelitz.)

„Gott schenke ihr jetzt
ewiges Wohlergehen.
Nun sind wir die Beklagenswürdigen
und mein Schmerz,
wenn auch die Zeit ihn lindert,
wird nie endigen."

(Friedrich Wilhelm III. zum Tod seiner Frau.)

Königin Luise in ihrem Todesjahr 1810, gezeichnet von J. G. Schadow

Sie ist allein. Um sie herum ist Stille. Wie aus der Ferne unterbrochen von dumpfen Trommelschlägen. Es ist der 25. Juli 1810. Zwischen vier und fünf Uhr morgens. Kurz bevor die Sonne aufgeht. Eine Sonne, die mitten in einen Sommertag voll Leben ihr gleißendes Morgenlicht über einen Trauerzug wirft. Ein Tag, der so gar nicht passen will zu der tief verschleierten in schwarz gekleideten alten Dame in Preußens prachtvoller Königskutsche, der Gräfin Sophie Marie von Voß, geborene von Pannewitz. Bis vor sechs Tagen war sie die Oberhofmeisterin der Königin Luise.

Sie wird das Bild mit sich tragen von ihrer Königin auf dem Sterbebett im Arbeitszimmer des Herzogs Karl, des Vaters von Luise, auf Schloß Hohenzieritz. Das schöne Gesicht des Engels, wie die Gräfin und alle, die mit ihr lebten, sie nannten, es hatte sich entspannt. Die Brustkrämpfe, die Angst zu ersticken, all das, was sich auf diesem Gesicht an Schmerz eingrub, hat sich in Frieden gewandelt.

Schloß Hohenzieritz in Mecklenburg. Hier starb Königin Luise.

Nun wird die Gräfin, die jetzt über 80 Jahre alt ist, von denen sie weitaus die meisten am preußischen Hof abdiente, ihre Königin auf ihrem letzten Weg nach Berlin begleiten. Vom Sterbezimmer in Hohenzieritz bis in den Thronsaal des Berliner Schlosses wird sie bei der toten Königin sein. Drei Tage hindurch ist sie allein in der Kutsche des Königs. Davor der Leichenwagen, der von zwei königlichen Stallmeistern zu Pferde eskortiert wird.

Ein Trauerzug durch Sommertage. Voll sich goldgelb färbender Ährenfelder, durchsprenkelt von rotem Mohn unter einem Himmel, der sich mit hochaufgetürmtem weißem Gewölk über die Tage dehnt, den Tod fast vergessen macht. Da die Natur das Leben feiert. Bis zur preußischen Grenze reitet Prinz Karl von Mecklenburg-Strelitz, der jüngste Bruder der Königin, an der Spitze des Zuges.

Woran mag sie denken, die alte Gräfin hinter dem Leichnam ihrer Herrin? Vielleicht kommt ihr der Tag wieder und wieder in den Sinn, als sie vor fast 17 Jahren am Portal des Potsdamer Schlosses zum ersten Mal vor Luise das Knie senkte. Dazu mag sich die Frage gesellen und ihr nicht mehr aus dem Kopf gehen: Weshalb dieser frühe Tod? Mit 34 Jahren? War er unvermeidlich, weil diese preußische Königin wie keine andere zuvor und wohl keine danach so angefüllt war mit Leben, daß sie es in nicht einmal 17 Jahren an zehn Kinder weitergeben konnte? War es der Schmerz, der ihr nicht fremd war? Das Erstgeborene tot in ihrem Schoß. Die wundgeweinten Augen an den kleinen Särgen der zwei anderen Kinder.

Am Sterbebett Luises. König Friedrich Wilhelm war aus Berlin herbeigeeilt und konnte ihr in den letzten Stunden beistehen.

Hatte sich das Leben, dem sie sich in all seinen Facetten hingab, zu schnell verbraucht? Schneller als ihr ihr zerbrechlicher Körper an Kraft dafür hergeben konnte? Hat sie letztlich die Liebe das Leben gekostet? Die Liebe, mit der sie alle an sich band, die um sie waren? Den König und Ehemann, von dem sie Welten trennte, die Kinder, die sie so ungezwungen aufwachsen ließ, wie sie einst selbst aufwuchs. Den Vater, ihren „besten Päp“, die Prinzessin George, die Großmutter, zu deren Geschöpf sie wurde, die Geschwister, die Schwestern Charlotte und Therese, vor allem aber Friederike, die durch soviel Unglück ging, ohne an Lebensfreude einzubüßen. Den Bruder Georg, der vielleicht der einzige war – neben der Gräfin Voß –, der wußte, wie hoch der Preis war, den Luise dafür zahlte, einen Ehemann innig zu lieben, der sie kaum verstand, den sie führen mußte, ohne daß er es bemerken durfte.

Mag dazu vielleicht auch jene Spielart von Liebe zählen, die sich nicht ausleben läßt. Zweimal hat ihr das Leben eine solche Liebe in den Weg gestellt. Schon in den ersten Ehejahren im Rausch der Feste, im Glanze des Bewundertseins, das Sich-Hingezogenfühlen zu Prinz Louis Ferdinand, dem Neffen Friedrichs des Großen, so als suche eine Schönheit die andere. Jahre später dann die vielleicht wirklich große Liebe, den Zaren Alexander I.

Oh, wie sehr kann die alte Hofmeisterin nachempfinden, wie grausam hoch der Preis für eine Liebe ist, die es gibt und doch nicht geben darf. War es doch, wie wir wissen, kein Geringerer als August Wilhelm, der Prinz von Preußen, Großvater des jetzigen Königs, auf den die Gräfin verzichten mußte. Mochte der Prinz auch – wie gemunkelt wurde – deshalb an gebrochenem Herzen gestorben sein. Sie selbst nahm sich in die Pflicht, gab Preußen, was Preußen gehört, opferte ihm die Liebe ihres Lebens und heiratete den Grafen Ernst Johann von Voß.

Als der Trauerzug an der Grenze zu Preußen angelangt ist, übernimmt das Garde du Corps die Begleitung. Zuvor hatte die Frau des Strelitzer Staatsministers von Oertzen

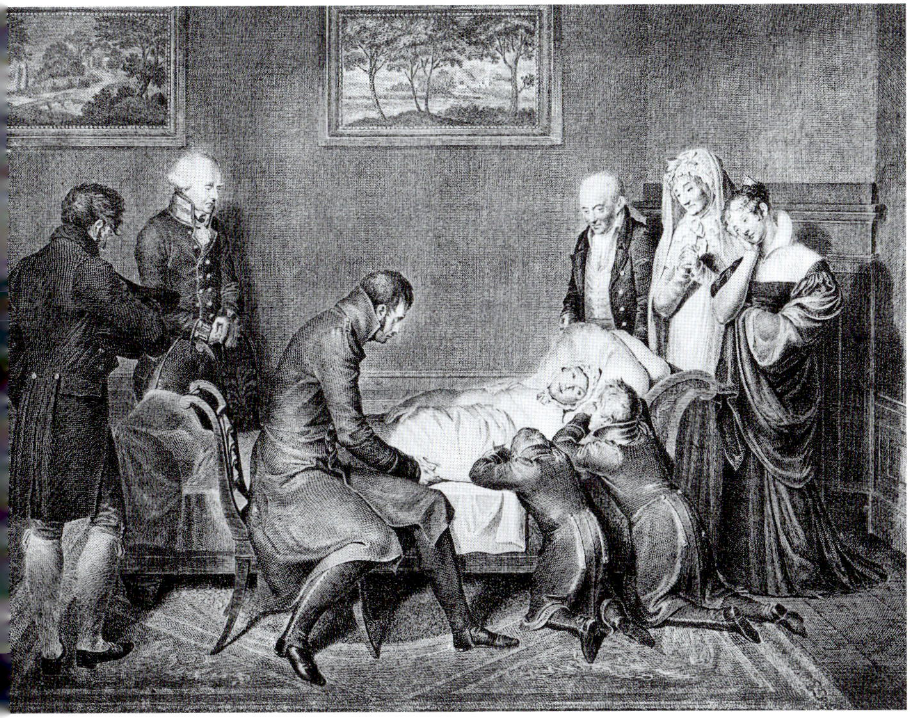

im Namen des preußischen Königs und des Herzogs Karl von Mecklenburg-Strelitz den Leichnam der Königin an den preußischen Hofstaat übergeben.

Welche Bilder mögen zurückkehren aus der Erinnerung der Gräfin Voß. Vielleicht gehören diese dazu: Es ist der 7. Juli 1807. Luise ist drei Tage zuvor mit den Gräfinnen Voß und Tauentzien, nach einer Zehn-Stunden-Fahrt von Memel, dem ersten Exil der Königsfamilie, zunächst in Piktupöhnen angelangt. Was für eine Fahrt! Die Kutsche ist schlecht gefedert. Die Wege sind holprig. Mehrmals droht der Wagen umzukippen. Die im zweiten Monat schwangere Luise hatte schon vor Reiseantritt eine Blutung befürchtet. Nun, auf der Fahrt, treibt sie mehr und mehr die Sorge um, eine Fehlgeburt zu erleiden.

Doch nun, am 7. Juli um vier Uhr am Nachmittag, steht sie in Tilsit vor jener Begegnung mit Napoleon, von der sich Friedrich Wilhelm III. und Graf Hardenberg die Rettung Preußens vor einem Friedensdiktat versprechen, das das Land in den Ruin treiben würde.

Das Bild, das sich in der Gräfin von Napoleon gemalt hat, den sie an diesem Tag an der schmalen Holztreppe zum Konferenzzimmer empfangen hatte, ist das eines „auffallend häßlichen Menschen mit einem dicken aufgedunsenem Gesicht, korpulent und klein – ganz ohne Figur". Seine großen runden Augen, so hat sie ihn vor sich, „rollen unheimlich umher, der Ausdruck seiner Züge ist Härte". Alles sei „die Inkarnation des Erfolges". Zwei Dinge läßt sie schön sein am Kaiser der Franzosen: Den schön geschnittenen Mund und die schön anzuschauenden Zähne. Dagegen findet ihn die Gräfin Tauentzien „angenehm". Sie bemängelt nur seine „totenähnliche Blässe".

Und Luise? Sie ist fasziniert vom Kopf des Kaisers, den sie auf „dämonische Weise schön" findet. Er habe das Gesicht eines Denkers. Man fühle sich an römische Caesaren erinnert. Ihr imponiert die „breitgeformte klare Stirn, der prüfende Blick", der von einem unvergleichlichen Lächeln gleichermaßen verstärkt und wieder hinweggewischt werde.

Dagegen das Bild, das die Oberhofmeisterin sich an diesem Tag von Luise aufbewahrt. Nie – so die Gräfin Voß wie die Gräfin Tauentzien – sei die Königin ihnen schöner erschienen als an diesem Nachmittag vor ihrem Treffen mit Napoleon. Sie trägt ein weißes Kleid aus silber-besticktem Crêpe, von einem weißen Schal ergänzt und einer Perlenkette. Im Haar ein kostbares Diadem.

Sie muß den Kaiser aus Paris mit ihrer Erscheinung nicht nur überrascht haben. Napoleon ist für einen Augenblick lang verwirrt. Doch glaubt er, der im Umgang mit Frauen so Geübte, das Gespräch ins Galante hinüberspielen zu können. So fragt er, wo man den Crêpe ihrer Robe gemacht habe. „In Preußen – ? In Breslau – ?“ Luise aber läßt es nicht zu, daß er mit derlei Fragen den Dialog zum Belanglosen hin inszeniert. Höflich erwidert sie auf des Kaisers Kleiderfrage: Das Kleid sei aus Berlin. Und dann ist sie ganz eine Königin. Eine Königin vor einem Kaiser, der einmal ein kleiner unbedeutender Artillerie-Leutnant war. Ihre Worte fallen wie die Figuren eines Schachspiels: Es sei wohl jetzt kaum angebracht, über derlei Nebensächlichkeiten zu sprechen. Schach! Napoleon ist verblüfft. Sie habe das Gespräch mit einer Gewandtheit geführt, mit der sie die Unterhaltung nach Belieben habe lenken können, bekennt er später.

Jetzt aber kann er nur den Erzürnten hervorzaubern. Er fragt: „Wie konnte es Preußen wagen, sich mit Frankreich zu messen!“ Luise pariert wiederum völlig unerwartet: „Sire, der Ruhm Friedrichs des Großen hat uns über unsere Mittel getäuscht.“ Welch eine Antwort! Welch eine Frau! Dann kommt Bewegung auf in ihrer Stimme. Man möge doch wenigstens keine Provinzen von Preußen trennen, die ihm seit Jahrhunderten gehören. So möge der Kaiser doch Magdeburg bei Preußen lassen. Napoleon ist beeindruckt. Er sagt unter diesem Eindruck, vor dieser Frau, die ihm so ungewöhnlich vorkommt wie ein Wesen von einem anderen Stern: „Ich werde mir das überlegen.“

Kaum jedoch ist der Satz gefallen, kommt, wie auf ein falsches Stichwort im Theater, der König ins Zimmer. Ihm hat die Zeit des Zwiegesprächs zu lange gedauert. Es war wohl einer der fatalsten Fehlauftritte der Weltgeschichte. Napoleon jedenfalls sagt später, es sei der wohl denkbar ungünstigste Augenblick für Preußen gewesen, als Friedrich Wilhelm ins Zimmer trat. Er habe damit Zugeständnisse verhindert, die er gerade habe machen wollen.

Ob das so stimmt, sei dahingestellt. Halten wir uns an das, was wirklich geschieht. Dazu gehört diese Bemerkung Napoleons gegenüber dem Zaren nach dem Diner dieses Tages: „Die Königin von Preußen ist eine reizende

Napoleon trifft Königin Luise in Tilsit am 7. Juli 1807, Gemälde von Nicolas François Gosse.

Frau, ihre Seele entspricht ihrer Gestalt. Auf Ehre, anstatt ihr eine Krone zu nehmen, möchte man versucht sein, ihr eine zu Füßen zu legen."

Doch Napoleon legt ihr keine Krone zu Füßen. Luise rettet auch die preußische Krone nicht. Das wird Alexander I. tun. Aber sie rettet die Würde dieser Krone und die Würde ihres Landes.

Sie bricht in Tränen aus, als sie in der Kutsche auf dem Weg zum letzten Souper mit Napoleon erfährt, daß der Kaiser der Franzosen die Friedensbedingungen für Preußen nicht um einen Federstrich gemildert hat. Preußen verliert alle Provinzen westlich der Elbe, also auch Magdeburg. Sie werden dem neuen Königreich Westfalen zugeschlagen, über das Jérôme, Napoleons jüngster Bruder, regiert. Alle durch die Teilung Polens an Preußen gefallenen Gebiete gehen wieder verloren. Bialystok fällt an den Zaren. Die übrigen preußischen Erwerbungen in Polen werden als Herzogtum Warschau Sachsen zugesprochen. Preußen hat sofort der Kontinentalsperre gegen England beizutreten, was das Land in schwere wirtschaftliche Turbulenzen bringt. Das Schlimmste jedoch: Preußen soll eine Entschädigungssumme von 150 Millionen Francs an Frankreich zahlen. Bis diese Summe gezahlt ist, bleiben die Festungen Stettin, Küstrin und Glogau als Faustpfänder besetzt. Alles in allem verliert Preußen mehr als die Hälfte seines Territoriums.

Friedrich Wilhelm in seinem Memeler Exil verfällt in eine tiefe Depression. Er will abtreten und Napoleon bitten, ihn als Privatmann nach Berlin gehen zu lassen. Die Königin muß alles an Geschick aufbieten, um ihn von diesem Gedanken abzubringen.

Es sind schlimme Tage für Preußens Königtum in Memel. Luise ist nun hochschwanger. Wird sich die Voß an diese Tage erinnern, als der Trauerzug am Abend des 25. Juli in Gransee ankommt, der Sarg dort auf dem Marktplatz in einem provisorischen Holzhaus abgesetzt wird? Noch bevor die Ehrenwache aufzieht für die Nacht vor der Weiterfahrt, läßt die Gräfin, wie es das Hofprotokoll vorschreibt, den Sarg öffnen, um sich Gewißheit zu verschaffen, daß Preußens Königin darin ruht. Lange kann sie von dem Gesicht der Toten den Blick nicht lösen, von den bleichen Wangen, über denen sich schon ein erster zarter Schleier des Vergehens zu legen scheint.

Damals in Memel, als die Königin in einem Anflug von Verzweiflung den Plan faßt, nach Paris zu reisen, um Bonaparte zu bitten, die gnadenlosen Friedensbedingungen zu mildern, hatte die Gräfin ihre Herrin vor dieser Reise und ihren Beschwerlichkeiten gewarnt. Luise beherzigt die Warnung. Sie sieht ein, daß eine solche Reise in ihrem Zustand zu gefährlich ist.

Nun aber schreibt die Königin in ihrer Not einen Brief an den Kaiser, den sie besser nicht hätte schreiben sollen. Es mag die Sorge um die Kinder gewesen sein und um sich

Im brandenburgischen Gransee errichtete man 1811 nach den Plänen K. F. Schinkels ein Denkmal für den Aufbahrungsort auf Luises letzter Reise.

selbst. Denn sie schreibt: „Meine Gesundheit ist völlig zerstört, da ich das feuchte und kalte nordische Klima nicht vertragen kann.“ Sie wage, dies als einen der Gründe bei ihm „geltend zu machen“, denn aus eigener Erfahrung und „aus allen Ihren Äußerungen über mich“ wisse sie, „daß Sie sich für meine Person interessieren. Eure Majestät kennen mein Vertrauen zu Ihnen; ich habe Ihnen darüber

Schloß Königsberg war drei Jahre lang das Exil der königlichen Familie.

in Tilsit gesprochen, und ich schmeichle mir, daß Sie diesmal der Stimme Ihres Herzen folgen ...“. Unterzeichnet ist der Brief, den die Gräfin von Voß, die Erzfeindin Napoleons, so sicher nicht gebilligt haben würde, mit „Eurer Kaiserlichen Majestät gute Schwester“. Wie groß muß die Verzweiflung gewesen sein, die ihr diese Zeilen in die Feder fließen ließ.

Der Brief zeigt Wirkung. Bonaparte gestattet der königlichen Familie die Übersiedlung von Memel in das Königsberger Schloß. Dort, in diesem unwirtlichen Bau aus dem 13. Jahrhundert, dessen Räume kaum zu heizen sind, bringt Luise am 1. Februar 1808 ein Mädchen zur Welt. Es wird auf den Namen der Mutter getauft. Niemand hätte ihm wohl an der Wiege weissagen mögen, daß sie 17 Jahre später den Prinzen der Niederlande heiraten wird.

Auch in Königsberg verbessert sich die Lage der Familie kaum. Sparen heißt das Gebot. Der Reichsfreiherr vom Stein läßt die Gehälter der Beamten um die Hälfte kürzen. Er schickt sich an, das goldene Tafelservice Friedrichs des Großen einschmelzen zu lassen, verpfändet die königlichen Domänen und will sogar die Kronjuwelen Friedrichs II. verkaufen. Da muckt Friedrich Wilhelm III. auf. Aus Trotz gegen seinen Minister läßt der sonst so knauserige König zu seinem Geburtstag die wenigen am Königshof noch akkreditierten Diplomaten zu einem großen Festessen einladen. Die Stadt läßt er taghell illuminieren.

Eine Bilderfülle drängt sich vor dem geistigen Auge der Oberhofmeisterin, während sich der Trauerzug auf Oranienburg zubewegt. Sie wird wohl an die Zeit in Königsberg denken, daran, wie Luise es versteht, aus der Not zwar keine Tugend, wohl aber eine Idylle zu machen. Sie überredet den König, mit ihr in den Sommermonaten in ein Landhaus vor der Stadt zu ziehen, eine Art Paretz-Ersatz. Dorthin kommen tagsüber auch die Kinder aus Königsberg. Sie spielen im Garten. Man musiziert. Luise singt wieder zur Laute. Es ist, als kehrten die ersten Jahre ihrer Ehe im Kronprinzenpalais Unter den Linden zurück.

Das Mausoleum im Park von Schloß Charlottenburg. 1840 wurde König Friedrich Wilhelm III. an der Seite Luises hier beigesetzt.

Die Zeit scheint angehalten, um sich dann plötzlich mit einem Donnerschlag wieder in Bewegung zu setzen. Der erfolgt am 21. September 1808. Ein Eilkurier reißt den König aus dem Schlaf. Prinz Wilhelm, der Bruder des Königs, der zu Verhandlungen in Paris ist, berichtet in einem Schreiben, daß er die Friedensbedingungen ohne jede Milderung habe unterschreiben müssen.

Sie verstand zu entbehren, erinnert sich die Gräfin Voß, als sie daran denkt, wie sehr die Königin in den ostpreußischen Wintertagen fror. Ihrer Schwester Therese schreibt Luise nach Paris, ob sie ihr ein paar warme Röcke schicken könne. Und an Bruder Georg, der sich gleichfalls in Paris aufhält, geht ein Brief mit der Bitte „um zwei recht hübsche Nachtmützen“. Wenn es drei seien, wäre es noch schöner. „Aber schicke sie bald.“ Georg läßt vier einpacken. Sie bedankt sich voller Überschwang. Das ihr Zugedachte habe ihr „Tränen wehmütiger Freude ausgepreßt“.

Der Trauerzug, der noch einmal in Oranienburg Station gemacht hat, wo die Gräfin sich ein zweites Mal den Sarg öffnen läßt, nähert sich Berlin. Die Oberhofmeisterin sieht, wie immer mehr Menschen die Straßen säumen, sieht viele, viele weinen. Wie anders erlebte sie doch gemeinsam mit ihrer Königin den Einzug in Berlin an jenem 23. Dezember 1809. Es ist ein kalter sonniger Wintertag. Die Königin kehrt aus dem Königsberger Exil zurück. Dort war knapp drei Monate zuvor, am 4. Oktober, ihr Sohn Albrecht zur Welt gekommen. Der Jubel in Berlin, so erinnern sich alle, die dabeigewesen sind, ist unbeschreiblich. In Weißensee erwartet Luise eine Überraschung. Im Namen des Magistrats der Stadt wird ihr als Willkommensgruß Berlins ein achtspänniger Galawagen übergeben. Er hat ihre Lieblingsfarben, Lila und Silber. Im neuen Prunkwagen, der reitende König voran, fährt Luise die Linden hinauf zum Kronprinzenpalais. Dort steht sie lange auf dem Balkon, um sich für den Jubel der Berliner zu bedanken. An die Zarin Elisabeth, mit der sie, seit ihrem Besuch in St. Petersburg ein Jahr zuvor, eine enge Freundschaft verbindet, schreibt sie: „Hier erträgt sich alles leichter."

Auch der Leichenzug, mit der Gräfin Voß in der Kutsche und der Eskorte des Garde du Corps, bewegt sich über die Linden zum Schloß. Dort erwarten der König und die Kinder den Sarg. 24 Kammerherren tragen ihn die Schloßtreppe hinauf zum Thronsaal. Ein Choral begleitet das Zeremoniell.

Es ist das vorletzte Mal, daß sich der Sarg vor der Gräfin von Voß öffnet. Sie sieht hinein. Die Stimme droht ihr wegzubleiben, als sie sagt: „Unser heimgegangener Engel fängt seit heute an, sich zu verändern. Wir können sie nicht mehr zeigen." Dem König, der neben ihr steht, rät sie, auf den Anblick zu verzichten. Er folgt ihrem Rat.

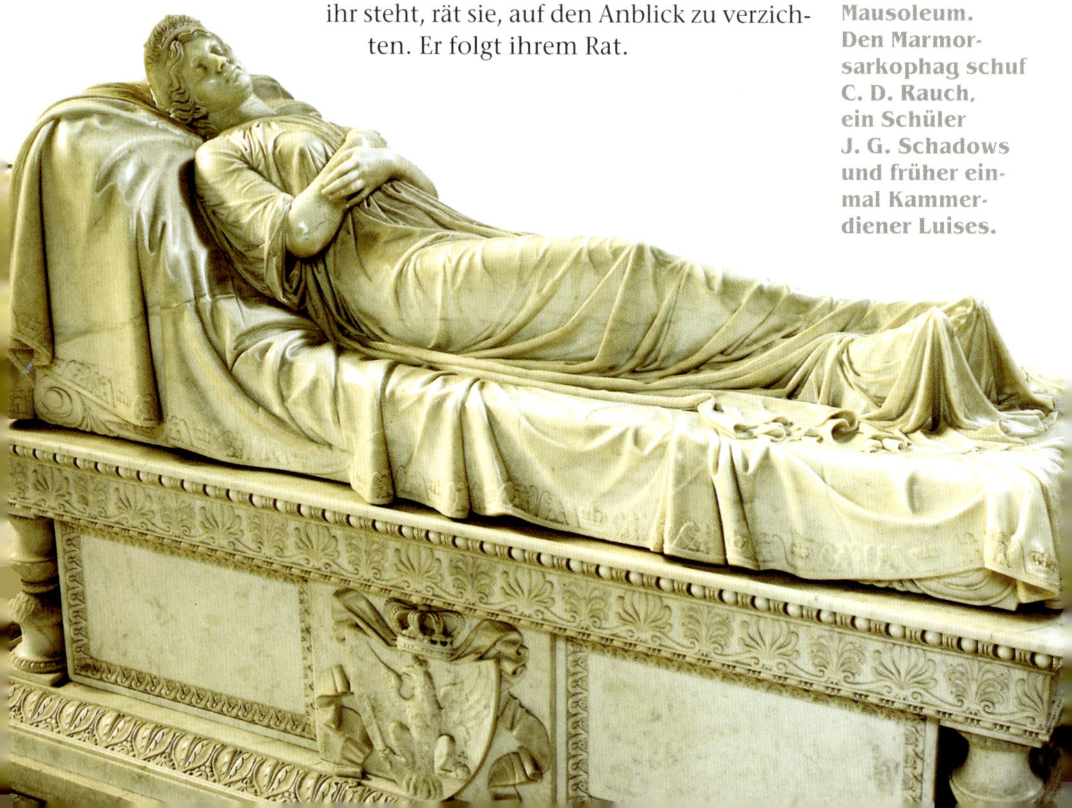

Das Grabmal der Königin Luise im Mausoleum. Den Marmorsarkophag schuf C. D. Rauch, ein Schüler J. G. Schadows und früher einmal Kammerdiener Luises.

Die Apotheose der Königin Luise ist als Tonrelief 1811/12 von J. G. Schadow geschaffen worden. Sie ist in der Dorfkirche von Paretz aufgestellt.

Nachschrift:

Die Obduktion des Leichnams der Königin ergab, daß Luise ein Geschwür in der Lunge hatte, ein Lungenflügel angewachsen war und daß sich im Herzen ein Polyp befand. Luise starb in den Armen ihrer wohl liebsten Freundin, Caroline Friederike von Berg. Eines der letzten Schriftstücke der Königin ist ein Brief an Herzog Karl von Mecklenburg-Strelitz, ihren Vater, in dem sie ihm mitteilt, daß ihr der König eine Reise nach Strelitz erlaubt habe. Am 25. Juni bricht Luise zu ihrer Reise nach Strelitz und dem nahegelegenen Hohenzieritz auf. Sie kehrt davon nicht zurück.

Friedrich Wilhelm III.

Die Sterbestunden

Hohen Zieritz, d. 19ten July 1810

Als ich mit meinen beiden ältesten Söhne um 3/4 5 Uhr Morgens in Hohen-Zieritz ankam, ließ ich in der Gegend der Kirche halten und ging zu Fuß nach dem Schloße. Allen die ich begegnete war die Bestürzung aus den Augen zu lesen. Der Arzt Geh(eimer) Rath Heim kam mir entgegen und sagte mir, meine Frau wünsche mich ja sogleich zu sehen; ich ging deshalb sogleich nach ihrem Zimmer. Wie erschrack ich, als ich sie bereits durch die heftigen anhaltenden Krämpfe und andern Leiden äußerst verändert aussehend fand. Sie war wach und litt an fortwährenden Brustkrämpfen seit Mitternacht. Sobald sie mich gewahr wurde, war ihr die lebhafteste Freude in den Gesichtszügen zu lesen.

Lieber Freund, wie freue ich mich dich zu sehen, gut daß du wieder da bist, und bald darauf, es ist doch besser, beyeinander zu seyn, es ist doch mehr Trost. Zugleich küßte sie mich zu den verschiedenen malen mit der herzlichsten Inbrunst und Lebhaftigkeit mich an ihr Herz drückend.

Auch lange nachher noch und ab und zu bis zu ihrem Ende, mußte ich ihre Hand halten, die sie öfter mit der zärtlichsten Innigkeit an ihren Mund führte und küßte. Das Halten der Hände schien sie zugleich wie eine Beruhigung zu betrachten, da auch die Ärzte und andere anwesende Personen, unter andern P(rin)z(e)ß(in) Solms, und Frau von Berg ein gleiches fortwährend tun mußten, wobei zuletzt noch öfter wiederholentlich Warme Servietten um ihre Aerme geschlagen, und Hände und Aerme sodann gerieben werden mußten. Sie frug mich, bist Du in der neuen Batarde gekommen? Als ich ihr antwortete, Nein im gewöhnlichen offenen Wagen, erwiederte sie besorgt, in der Nacht, nach Deinem Fieber? Als ich zu ihr unterandern einmal sagte, wie leid es mir wäre ihr nicht nützlicher werden zu können, sagte sie mit liebevoller Stimme. Genug daß Du da bist. Wie natürlich, war gleich bei meinem Eintritt meine Fassung dahin, und alle sich im Zimmer befindlichen Personen theilten sichtbarlich das rührende dieser Szene.

Der heftige Brustkrampf dauerte bei allen diesem immer fort, das Atemholen war kurz, stönend, zuweilen konvulsi-

Friedrich Wilhelm III., 1810 von J. G. Schadow gemalt

visch, und öfter entfuhren ihr hellaute Töne, wo sie dann öfter Luft, Luft rief. Wie ich zu meiner Frau sagte, daß Friz und Wilhelm da wären, freute sie sich sehr und begehrte sie sogleich zu sehen. So wie sie herein kamen, sagte sie zu dem ältesten. Wie freue ich mich, mein lieber Friz Dich wiederzusehen, und eben so zu dem andern. Die Stimme war ziemlich stark, und der Auswurf geschah mit Kraft, so daß ich in Rücksicht dieser Umstände mich noch nicht ganz von meinem so nahe bevorstehenden Unglück überzeugen mogte, oder beßer gesagt wollte.

Man glaubte eine Entfernung der anwesenden Personen würde vielleicht mehr Beruhigung gewähren, deshalb ging ich auf mein Zimmer. Bald darauf kam Heim und setzte mich ... das gefahrvolle ihrer Lage auseinander, und daß zwar Möglichkeit, aber keine Wahrscheinlichkeit zu ihrer Besserung vorhanden wäre ... Er wollte mich rufen lassen, wenn er den Augenblick günstig glaubte. Dieß geschah etwa nach einer Viertelstunde. Ich ging also in das Zimmer und fand sie zwar um ein geringes, aber doch nur sehr wenig beruhigt ... Zugleich sank ich an ihrem Bette auf die Knie, ihre Hand küßend, und sprach zu ihr ohngefähr in folgenden Worten.

Es ist nicht möglich, daß es Gottes Wille seyn kann, uns zu trennen. Ich bin ja nur durch Dich glücklich, und nur durch Dich hat das Leben nur allein noch Reiz für mich. Du bist ja mein einziger Freund, zu dem ich Zutrauen habe, und Hardenberg, fiel sie ein ... Als ich ihr frug, ob sie etwa etwas auf dem Herzen oder sonst einen Wunsche hätte, sagte sie zuerst Nein, nach wiederholter Frage aber: Dein Glück, und die Erziehung der Kinder.

Dieses Gespräch, wobei mir allerdings öfter die gehörige Fassung mangelte, hatte sie obgleich es mit aller Sorgfalt behandelt wurde, dennoch sehr gerührt und angegriffen, und bald nachher sagte sie: Mache mich nicht noch so eine Szene, und bedauere mich nicht, sonst sterbe ich. Hiermit brach ich das Gespräch ab, und habe ich sie nachher nicht mehr allein gesprochen. Bei dieser Gelegenheit küßte sie mich zum letztenmale mit dem Munde mit der größten Zärtlichkeit, und drückte mich die Hand ebenso liebevoll, als ich sie frug, ob sie mich noch Gut wäre. Die Krämpfe, obgleich nicht mit gleicher Heftigkeit, hatten jedoch nur wenig nachgelaßen, und die Beklemmung blieb unausgesetzt. Sie fürchtete sich außerordentlich einen neuen Anfall zu bekommen und oefter wiederholte sie, ich leide unaussprechlich, Luft, Luft, Ach Gott, Herr Jesus erbarme Dich. Zu Heim sagte sie nochmals dasselbe wie zu mir, ohngefähr in der Art: Der König ist so gut, aber keine neue Szene, sonst sterbe ich. Man suchte sie auf eine möglichst schickliche Art hierüber zu beruhigen. Bald darauf aber wandte sie sich zu mir, mit den Worten, Fürchte Dich nicht, ich sterbe nicht.

Die Totenbläße und der Angstschweiß, so wie alle übrigen unglücklichen Symptomata nahmen jedoch merklich zu, die Fingerspitzen wurden schon eiskalt ... Ich that, so wie ein Jeder auch, mein möglichstes und hauchte fleißig in die Hände, um sie zu wärmen, ihre linke Hand behielt ich in der meinigen bis zu ihrem Ende. Alle nur ersinnlichen Kraempfestillenden und andere lindernde Mittel wurden fortwährend, aber umsonst, angewendet.

Die Lage des Kopfes wurde ihr immer ängstlicher und da man ihr unteranderm rieth, die Aerme etwas weiter abzuhalten, sie würde dadurch Linderung erhalten, sagte sie, Das bringt mir den Tod, und bald darauf, ich sterbe von oben herunter. Auch: Herr Gott, Herr Jesus, verlaß mich nicht, und ganz zuletzt, als die Krämpfe ihr beinah schon ganz den Athem benahmen: Herr Jesus, mache es kurz, und wenige Augenblicke nachher, nachdem sie einigemale konvulsivisch mit dem Gesicht gezuckt hatte – verschied sie. – Ich, drückte ihr die starren gebrochenen Augen zu. – Alles übrige übergehe ich mit Stillschweigen ...

Um 9 Uhr war ihr Leiden geendigt, und um 1/4 11 Uhr kamen Charlotte und Karl, aber nur um den Tod der liebevollsten Mutter mit mir kniend bei ihrem entseelten Körper beweinen zu können. Sie starb den Tod des Gerechten. Gott schenke ihr jetzt ewiges Wohlergehen. Nun sind wir die Beklagungswürdigen, und mein Schmerz, wenn auch die Zeit ihn lindert, wird nie endigen.

In obiger Erzählung habe ich nur ganz allein das bemerkt, was in meiner Gegenwart vorgegangen ist.

3. August 1770: Prinz Friedrich Wilhelm wird als ältester Sohn des preußischen Thronfolgers, Friedrich Wilhelm II., geboren.

10. März 1776: In Hannover erblickt Prinzessin Luise von Mecklenburg-Strelitz das Licht der Welt.

Frühjahr 1786: Übersiedlung Luises und ihrer Schwestern nach Darmstadt zur Großmutter, Prinzessin George, nach dem Tod der Mutter.

17. August 1786: Friedrich Wilhelm II. wird König von Preußen.

9. Oktober 1790: Prinzessin George und ihre Enkelkinder erleben in Frankfurt die Krönung Leopolds II. und wohnen bei Goethes Mutter.

20. April 1792: Das revolutionäre Frankreich erklärt Österreich, mit dem Preußen verbündet ist, den Krieg. Das ist der Beginn des 1. Koalitionskrieges (1792–1797).

14. Juli 1792: Luise und ihre Schwester nehmen an der Krönung Kaiser Franz II. in Frankfurt teil.

20. September 1792: Kanonade bei Valmy in der Champagne, bei der Goethe die Überlegenheit der französischen Truppen beobachten kann.

21. September 1792: König Ludwig XVI. von Frankreich wird abgesetzt.

Oktober 1792: Die Franzosen überschreiten den Rhein. Auch Frankfurt und Mainz werden besetzt. Luise ist mit Prinzessin George und der Familie nach Hildburghausen geflüchtet. Aus Frankfurt werden die Franzosen wieder vertrieben. Der Kronprinz Friedrich Wilhelm und sein Bruder Louis nehmen am Feldzug teil und residieren anschließend in Frankfurt.

21. Januar 1793: Der französische König stirbt in Paris auf der Guillotine.

14. März 1793: Luise und Friedrich Wilhelm lernen sich in Frankfurt kennen.

19. März 1793: Prinzessin Luise von Mecklenburg-Strelitz und Kronprinz Friedrich Wilhelm verloben sich in Frankfurt. Prinzessin Friederike von Mecklenburg-Strelitz verlobt sich mit Prinz Louis.

24. April 1793: Verlobungsfeier in Darmstadt

22. Juli 1793: Kapitulation der französischen Truppen in Mainz.

24. Dezember 1793: Hochzeit von Luise und dem Kronprinzen.

Königin Luise diente als Modell für die Allegorie der Schlacht von Paris während der Befreiungskriege 1813–15 am Kreuzbergdenkmal in Berlin. Die Deutsche Stiftung Denkmalschutz unterstützte die umfangreiche Restaurierung des Denkmals mit über einer Million Mark.

26. Dezember 1793: Hochzeit von Luises Schwester Friederike und Prinz Louis.

15. Mai 1794: Der Kronprinz reist zusammen mit Prinz Louis zum Polenfeldzug nach Posen ab, von dem er erst im September zurückkehrt.

5. April 1795: Preußen schließt mit der französischen Republik den Baseler Sonderfrieden. Es gewinnt dadurch ein Jahrzehnt des Friedens inmitten eines unruhigen Europas.

1795: Dritte polnische Teilung. Rußland, Preußen und Österreich teilen Polen unter sich auf. Preußen erreicht seine größte Ausdehnung.

15. Oktober 1795: Prinz Friedrich Wilhelm, der spätere König Friedrich Wilhelm IV., wird geboren.

22. März 1797: Geburt von Prinz Wilhelm, dem späteren ersten deutschen Kaiser.

17. Oktober 1797: Im Frieden von Campoformio wird der 1. Koalitionskrieg beendet. Österreich tritt Belgien und Mailand gegen Venedig an Frankreich ab und muß die Annexion der linksrheinischen Gebiete durch Frankreich bestätigen. In Genua und Mailand gründet Frankreich Tochterrepubliken.

16. November 1797: König Friedrich Wilhelm II. stirbt. Friedrich Wilhelm III. ist König von Preußen.

25. Mai bis 29. Juni 1798: Huldigungsreise des Königspaares durch Hinterpommern nach Königsberg, wo am 5. Juni 1798 die Krönungsfeier stattfindet.

13. Juli 1798: Geburt der Tochter Charlotte, der späteren Zarin Alexandra Fjodorowna, im Charlottenburger Schloß.

9. November 1799: Nach dem Staatsstreich am 18. Brumaire übernimmt Napoleon in Paris als „Erster Konsul“ die Macht.

1799-1802: Auch im 2. Koalitionskrieg ist Napoleon erfolgreich.

9. Februar 1801: Nach dem Frieden von Lunéville muß Kaiser Franz II. das linke Rheinufer an Frankreich abtreten.

23./24. März 1801: Zar Paul I. wird in Sankt Petersburg ermordet. Alexander I. wird Zar.

Juni 1802: In Memel treffen sich das preußische Königspaar und Zar Alexander.

25. Februar 1803: Durch den Reichsdeputationshauptschluß werden die meisten geistlichen Fürstentümer säkularisiert, reichsunmittelbare Stände mediatisiert. Das Deutsche Reich wird neugeordnet.

2. Dezember 1804: Napoleon krönt sich zum Kaiser der Franzosen.

2. Dezember 1805: Österreich und Rußland verlieren im 3. Koalitionskrieg gegen Frankreich die Dreikaiserschlacht von Austerlitz. Preußen bleibt neutral.

12. Juli 1806: Bei der Errichtung des Rheinbundes sagen sich 16 süd- und westdeutsche Reichsstände von Kaiser und Reich los und unterstellen sich dem Protektorat des französischen Kaisers.

6. August 1806: Auf Verlangen Napoleons legt Kaiser Franz II. die Reichskrone nieder. Das Heilige Römische Reich Deutscher Nation wird aufgelöst.

14. Oktober 1806: Preußen kämpft im 4. Koalitionskrieg fast völlig isoliert gegen Frankreich bei Jena und Auerstedt und erleidet eine katastrophale Niederlage. Friedrich Wilhelm III. verlegt seine Residenz nach Königsberg.

27. Oktober 1806: Napoleon zieht in Berlin ein.

10. Dezember 1806: Das Königspaar trifft auf seiner Flucht in Königsberg ein.

8. Januar 1807: Sie fliehen weiter bis nach Memel.

27. Juni bis 9. Juli 1807: Friedensverhandlungen in Tilsit, bei denen Preußen nur durch russischen Einspruch der Auflösung entgeht.

7. Juli 1807: Luise trifft in Tilsit Napoleon und versucht erfolglos, ihn zu Zugeständnissen zu bewegen.

16. Januar 1808: Die königliche Familie kehrt nach Königsberg zurück.

1. Februar 1808: Prinzessin Luise wird geboren.

27. Dezember 1808 bis 10. Februar 1809: Reise des Königspaares ins glanzvolle Petersburg.

4. Oktober 1809: Prinz Albrecht wird geboren.

23. Dezember 1809: Das Königspaar zieht auf Wunsch Napoleons wieder in Berlin ein und wird von der Bevölkerung bejubelt.

19. Juli 1810: Königin Luise stirbt in Schloß Hohenzieritz.

Stammtafel Friedrich Wilhelm III.

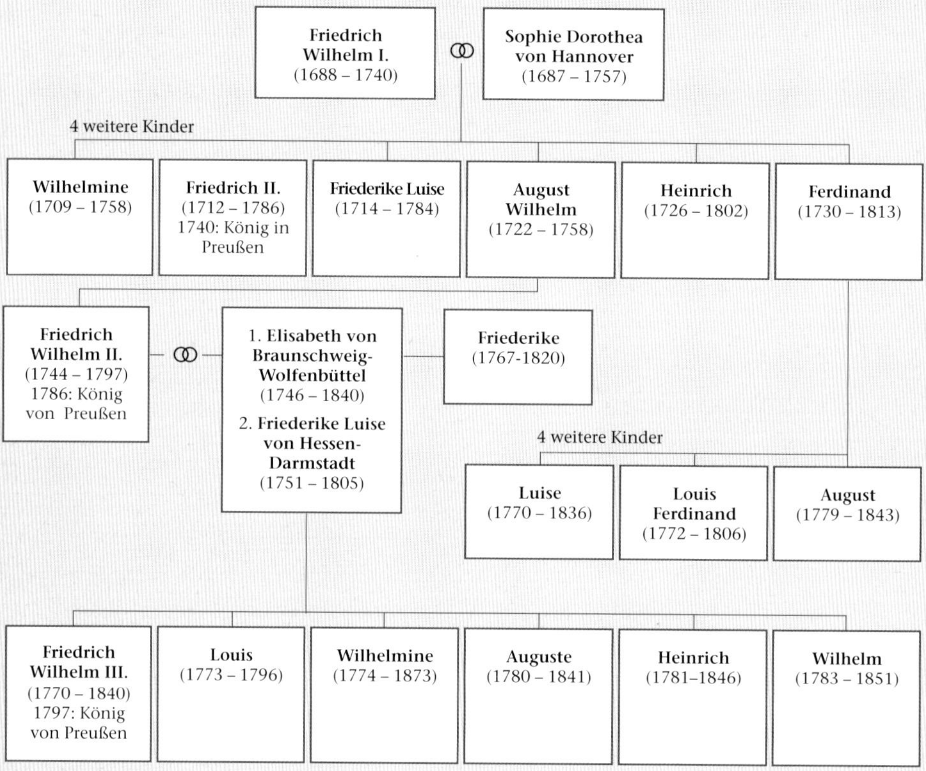

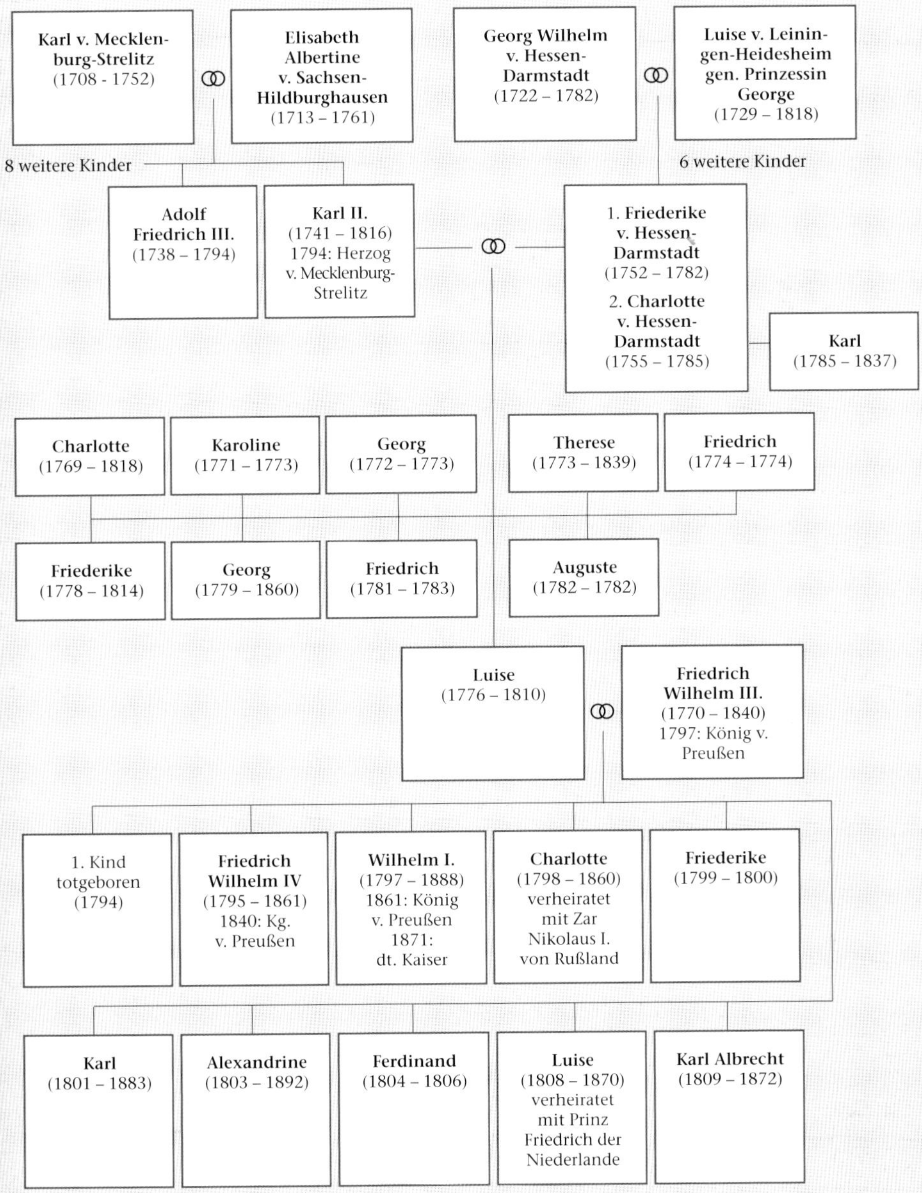
Karl v. Mecklenburg-Strelitz (1708 - 1752)
Elisabeth Albertine v. Sachsen-Hildburghausen (1713 – 1761)
Georg Wilhelm v. Hessen-Darmstadt (1722 – 1782)
Luise v. Leiningen-Heidesheim gen. Prinzessin George (1729 – 1818)
8 weitere Kinder
6 weitere Kinder
Adolf Friedrich III. (1738 – 1794)
Karl II. (1741 – 1816) 1794: Herzog v. Mecklenburg-Strelitz
1. Friederike v. Hessen-Darmstadt (1752 – 1782)
2. Charlotte v. Hessen-Darmstadt (1755 – 1785)
Karl (1785 – 1837)
Charlotte (1769 – 1818)
Karoline (1771 – 1773)
Georg (1772 – 1773)
Therese (1773 – 1839)
Friedrich (1774 – 1774)
Friederike (1778 – 1814)
Georg (1779 – 1860)
Friedrich (1781 – 1783)
Auguste (1782 – 1782)
Luise (1776 – 1810)
Friedrich Wilhelm III. (1770 – 1840) 1797: König v. Preußen
1. Kind totgeboren (1794)
Friedrich Wilhelm IV (1795 – 1861) 1840: Kg. v. Preußen
Wilhelm I. (1797 – 1888) 1861: König v. Preußen 1871: dt. Kaiser
Charlotte (1798 – 1860) verheiratet mit Zar Nikolaus I. von Rußland
Friederike (1799 – 1800)
Karl (1801 – 1883)
Alexandrine (1803 – 1892)
Ferdinand (1804 – 1806)
Luise (1808 – 1870) verheiratet mit Prinz Friedrich der Niederlande
Karl Albrecht (1809 – 1872)

Organisatorische Betreuung: Gerlinde Thalheim
Redaktion und Dokumentation: Beatrice Härig
Gestaltung: Michael Marasson, St. Augustin
Litho: MOHN Media, Gütersloh
Druck: KONKORDIA GmbH, Bühl, Das Medienunternehmen

Bildnachweis:
Marie-Luise Preiss (S. 23, 28, 31, 47, 53, 57, 58, 64, 72/73, 76/77, 81, 102, 126, 128, 130, 133), Akademie der Künste Berlin (S. 118), J.P. Anders (S. 131), AKG Berlin (S. 14, 32, 37, 46, 61, 85, 86/87, 90/91, 93, 98/99, 121, 124/125, 127), BPK Berlin (Titelbild, S. 10, 63, 110, 135), Bundesbildstelle Bonn (S. 60), Burg Hohenzollern, Hechingen (S. 109), Uwe Dettmar (S. 12, 24), Deutscher Kunstverlag (S. 19), Deutsches Historisches Museum Berlin (S. 44, 104), Duncker & Humblot (S. 50), Institut für Stadtgeschichte, Frankfurt am Main (S. 38/39), Historisches Museum Frankfurt am Main (S. 11, 29), Landesamt f. Denkmalpflege Mecklenburg-Vorpommern (S. 119), Landesdenkmalamt Berlin (S. 139), Museum Schloß Bad Pyrmont (S. 73), Piper Verlag München (S. 20), Potsdam-Museum (S. 112/113), Staatliche Museen zu Berlin – Preußischer Kulturbesitz, Nationalgalerie (S. 74), Stadtarchiv Darmstadt (S. 15, 16/17), Stadtarchiv Mainz (S. 48), Stadtmuseum Berlin (S. 94), SPSG Berlin-Brandenburg (S. 4, 23, 54, 59, 65, 67, 70, 84, 97)

Aus folgender Literatur wurde zitiert:
Günter de Bruyn, Preußens Luise – Vom Entstehen und Vergehen einer Legende, Berlin 2001
Dagmar von Gersdorff, Königin Luise und Friedrich Wilhelm III. Eine Liebe in Preußen, Berlin 1996
Sebastian Haffner, Preußen ohne Legende, Hamburg 1979
Heinz Ohff, Ein Stern in Wetterwolken. Königin Luise von Preußen. München, 1989, 5. Aufl. 2000
Malve Gräfin Rothkirch (Hg.), Königin Luise von Preußen. Briefe und Aufzeichnungen. Mit einer Einleitung von Hartmut Boockmann, München 1985

Verlag: MONUMENTE Publikationen
der Deutschen Stiftung Denkmalschutz
Dürenstraße 8, 53173 Bonn, Fax: 0228 / 95735-28
3. Auflage 2003
13.–16. Tsd.

Spendenkonto 3055555, Commerzbank Bonn, BLZ 38040007

Die Deutsche Bibliothek – CIP-Einheitsaufnahme

Müller, Friedrich Ludwig:

Luise – Aufzeichnungen über eine preußische Königin/- Friedrich Ludwig Müller. – Bonn: Dt. Stiftung Denkmalschutz, Monumente Publ. – 3. Auflage (2003)

ISBN 3-936942-17-X